TARTES
maison

Édition originale

Titre original : Tarts & Pies
Textes © Carla Bardi, Rachel Lane

Par McRae Publishing Limited, 247 Imperial Drive, Ryaners Lane, Harrow (Middlesex), United Kingdom HA2 7HE

Édition française

Direction éditoriale : Delphine Blétry
Edition : Marion Pipart
Mise en page : Anna Bardon
Couverture : Véronique Laporte

L'éditeur remercie Leena Brisacq pour sa participation active.

ISBN 978-2-03-587764-2

Imprimé en Chine
Dépôt légal : septembre 2011
308995/04 - mars 2013

TARTES
maison

Carla Bardi et Rachel Lane

LAROUSSE

21, rue du Montparnasse 75283 Paris Cede 06

la petite histoire des tartes

Les cuisiniers confectionnent des tartes depuis la nuit des temps. Les archéologues travaillant en Égypte ont trouvé des traces de mets semblables à des tartes, composés de pâtes rustiques recouvertes de miel et cuites sur la braise, datant de plus de 11 500 ans. Les anciens Grecs et les anciens Romains ont également confectionné des tartes, mais elles étaient garnies de viandes salées et enveloppées dans une pâte faite de farine et d'eau. Au Moyen Âge, de nombreuses tartes avaient des garnitures sucrées, ou un mélange de sucré et de salé. Au XVIIIe siècle, un livre de recettes d'Andalousie, en Espagne, a fourni la recette détaillée d'une tarte à la tortue cuite dans une pâte faite de farine, d'œufs et de safran. En Italie, les chefs cuisiniers voulaient surprendre les invités au banquet de leurs patrons aristocrates avec des tartes énormes farcies d'oiseaux vivants qui s'envolaient lorsque les tartes étaient découpées. Certaines tartes confectionnées en Europe étaient même assez grandes pour contenir des ménestrels, acteurs ou danseurs nains, qui pouvaient jaillir de la pâtisserie et flâner à la table de banquet tout en chantant et en dansant. Mais c'est en Angleterre que les tartes ont véritablement inspiré les premiers véritables coups de cœur. La reine Elizabeth 1re était, dit-on, particulièrement friande de tartes aux pommes et de tartes aux cerises ; d'ailleurs, la rumeur raconte que c'est elle qui aurait inventé cette dernière.

Lorsque les Pilgrims mirent le cap sur l'Amérique du Nord, ils apportèrent dans leurs bagages cette spécialité anglaise, dont ils se sont approprié la paternité, ce qui a donné lieu à l'adage « aussi américain que la tarte aux pommes ».

Ce livre contient les recettes de 57 tartes alléchantes, ainsi que des instructions détaillées pour préparer des pâtes parfaites. Nous avons également inclus quelques délicieuses recettes de tartes à pâte de chapelure de biscuits, de gaufres ou de biscuits. Nous espérons que vous aurez autant de plaisir à préparer et à déguster ces tartes que nous en avons eu nous-mêmes.

Page ci-contre : Cette peinture de l'artiste américain Norman Rockwell appelée « Thanksgiving Pie » est apparue sur la couverture du magazine Country Gentleman *en 1930.*

NOVEMBER
27

trucs et astuces

Le secret de la tarte parfaite réside dans la pâte. Celle-ci doit être à la fois tendre et croustillante, ainsi que feuilletée, sans toutefois être friable. Elle doit avoir un goût excellent et être assez bonne pour être mangée telle quelle, sans garniture. Dans ce livre, nous proposons deux pâtes de base : la pâte sablée, riche et légèrement sucrée, pour les tartes à pâte simple, et la pâte brisée, légère et feuilletée, pour les tartes à pâte double. Des indications pour la préparation et la cuisson à blanc de ces pâtes sont fournies pages 8 à 11. La plupart des recettes du livre font référence à ces pâtes. Nous avons également inclus quelques recettes de tartes spéciales qui sont confectionnées avec d'autres pâtes.

Si vous êtes novice en préparation de tartes, nous vous suggérons de commencer par une recette simple, comme celle de la tarte aux fraises à la page 14. Prenez le temps de suivre les instructions étape par étape et rappelez-vous que préparer la pâte à tarte est un art ; plus vous en ferez, plus vous serez habile.

Nous vous suggérons d'utiliser de la farine ordinaire. Choisissez une marque de bonne qualité et les résultats seront parfaits. N'utilisez pas de farine à pain. Pour faire une pâte plus riche en fibres, remplacez un tiers de la farine ordinaire par de la farine complète. Assurez-vous d'utiliser dans toutes les pâtes du beurre de bonne qualité et riche en matières grasses ; elles rendront la pâte tendre et imperméable à l'humidité. Rappelez-vous que la pâte à tarte, à l'origine, était préparée avec du saindoux, qui est constitué à 100 % de matières grasses. Un beurre de bonne qualité est constitué à 80 % de matières grasses ; un beurre de qualité inférieure contient plus d'eau et produit une pâte moins tendre.

Nous proposons deux méthodes pour mélanger la pâte : au robot culinaire et à la main. La méthode au robot est plus facile et plus rapide, et donne une excellente pâte, mais il est très important de ne pas trop travailler les ingrédients. Pour le pâtissier expérimenté, la méthode à la main produit une pâte légère

Ci-dessus : La tarte aux cerises (voir recette P. 54) est exquise accompagnée d'une cuillerée à soupe de crème fraîche ou de crème fouettée.

et feuilletée. Lorsque la pâte est mélangée, que vous la pétrissez brièvement et la façonnez en un disque de pâte pour réfrigération, vérifiez qu'il reste de petits flocons de beurre visibles sous la surface de la pâte ; cela signifie qu'elle n'a pas été trop travaillée et qu'elle sera feuilletée.

La pâte à tarte est refroidie pour être plus ferme et plus facile à abaisser sans se fissurer. Une fois qu'elle est abaissée et placée dans un moule à tarte, elle peut être réfrigérée à nouveau avant la cuisson.

Pour certaines tartes, nous suggérons l'utilisation d'un moule à tarte à fond amovible, qui permet de transférer facilement la tarte dans un plat de service sans la briser. La plupart des tartes sont servies directement dans le moule.

Lorsque vous faites cuire une tarte à double pâte, n'oubliez pas que la garniture produira de la vapeur qui doit s'échapper. Si cette vapeur ne peut s'échapper, le dessus de la tarte se gonflera de manière inesthétique ou la garniture fera éclater les bords de la tarte et coulera. Pour éviter cela, pratiquez des ouvertures sur le couvercle de pâte à l'aide d'un couteau ; la vapeur pourra s'échapper et la pâte gardera une belle forme tout en prenant une belle couleur dorée.

Bonnes tartes et bon appétit !

Ci-dessus : La tarte aux fraises (voir recette p. 14) est classique et simple. Elle fait un dessert merveilleux pour la famille et accompagne savoureusement une bonne tasse de thé ou de café.

pâte sablée

250 g de farine • 65 g de sucre en poudre • 1/4 cuill. à café de sel • 150 g de beurre coupé en cubes • 1 œuf • 2 cuill. à soupe de crème fraîche épaisse

Pour la pâte sablée au chocolat : remplacez 50 g de farine par 50 g de cacao amer en poudre

POUR 8 PARTS - PRÉPARATION : 20 MIN - RÉFRIGÉRATION : 30 MIN - CUISSON À BLANC : 10 À 15 MIN

Méthode au robot (ci-dessous)

1a. Mélangez la farine, le sucre et le sel dans le bol d'un robot. Incorporez le beurre en actionnant brièvement l'appareil (12 à 15 impulsions), jusqu'à ce que la préparation ressemble à de la chapelure grossière. **2a. Ajoutez** l'œuf et la crème fraîche en laissant l'appareil en marche et mélangez par impulsions jusqu'à ce que la préparation commence à s'agglomérer.

Méthode à la main (ci-dessous)

1b. Mélangez la farine, le sucre et le sel dans un saladier ou sur un plan de travail. Utilisez un coupe-pâte pour couper le beurre ou frottez-le avec les mains jusqu'à ce que le mélange ressemble à de la chapelure grossière. **2b. Battez** les œufs et la crème dans un petit bol. Incorporez-les au mélange de beurre et de farine à l'aide d'une cuillère en bois.

1a

2a

1b

2b

3. (Page ci-contre) Mettez la pâte sur un film alimentaire. Façonnez-en un disque de 18 cm de diamètre et enveloppez-le de film. Placez au réfrigérateur pendant au moins 30 minutes (et jusqu'à 48 heures). **4. Graissez** légèrement un moule à tarte à fond amovible de 28 cm de diamètre. **5. Sortez** la pâte du réfrigérateur, retirez le film alimentaire et déposez-la, éventuellement, sur une surface froide pour éviter qu'elle ne ramollisse trop vite (une plaque de marbre est idéale). Farinez légèrement la pâte des deux côtés. **6. Abaissez** la pâte entre 2 films alimentaires (ou 2 feuilles de papier sulfurisé), en un disque de 33 cm de diamètre environ et de 3 mm d'épaisseur. De temps en temps, soulevez le film alimentaire de la pâte et saupoudrez celle-ci de farine pour éviter qu'elle ne colle. Si la pâte devient trop molle, remettez-la au réfrigérateur jusqu'à ce qu'elle raffermisse un peu. **7. Retiez** le film alimentaire du dessus, farinez légèrement un rouleau à pâtisserie et retirez le film alimentaire du dessous. Enroulez la pâte autour du rouleau sans serrer et transférez la pâte dans le moule. **8. Posez** délicatement le rouleau à pâtisserie sur le moule à tarte, puis déroulez soigneusement celle-ci. Avec les doigts, placez la pâte sur les bords du moule en prenant soin de ne pas la déchirer. Repliez l'excédent de pâte sur les bords du moule pour créer un rebord de 5 mm d'épaisseur. Si vous le souhaitez, placez de nouveau la pâte au réfrigérateur pour 30 minutes. **9. Préchauffez** le four à 200 °C (therm. 6-7) environ 20 minutes avant la cuisson. Tapissez le fond de tarte d'une feuille d'aluminium, puis ajoutez des billes de cuisson ou des haricots secs. Enfournez et faites cuire à blanc pendant 5 minutes. Réduisez la température du four à 190 °C (therm. 6-7) et prolongez la cuisson de 5 à 10 minutes, jusqu'à ce que la pâte soit ferme et dorée. **10. Sortez** le fond de tarte du four, retirez les billes de cuisson ou les haricots secs et laissez refroidir. La pâte doit être légèrement dorée et assez cuite pour être garnie et cuite à nouveau.

pâte brisée

400 g de farine • 1/4 cuill. à café de sel • 250 g de beurre coupé en cubes • 6 à 8 cuill. à soupe d'eau glacée • 1 cuill. à soupe de vinaigre de cidre

POUR 8 PARTS - PRÉPARATION : 25 MIN - RÉFRIGÉRATION : 1 H 30

Méthode au robot (ci-dessous)

1a. Mélangez la farine et le sel dans le bol d'un robot muni d'une lame de métal. Incorporez les cubes de beurre en actionnant l'appareil par impulsions jusqu'à ce que le mélange ressemble à une chapelure grossière. **2a. Versez** 6 cuillerées à soupe d'eau glacée et le vinaigre de cidre, puis actionnez l'appareil 5 ou 6 fois. Le mélange doit avoir une consistance sableuse et s'agglomérer sous la pression des doigts. Au besoin, ajoutez 1 cuillerée à soupe d'eau glacée et actionnez l'appareil 2 ou 3 fois.

Méthode à la main (ci-dessous)

1b. Mélangez la farine et le sel dans un saladier. Coupez le beurre dans la farine à l'aide d'un coupe-pâte ou frottez-le avec les mains jusqu'à ce que le mélange ressemble à une chapelure grossière. **2b. Versez** 6 cuillerées à soupe d'eau glacée et le vinaigre de cidre, puis travaillez le mélange à l'aide d'une spatule en l'écrasant contre les parois du saladier. Ajoutez suffisamment d'eau pour former une pâte ferme.

3. Façonnez la pâte en un disque et enveloppez-la de film alimentaire. Placez au frais pendant 1 heure. **4. Sortez** la pâte du réfrigérateur, retirez le film alimentaire et divisez-la en deux portions égales pour une tarte à double pâte, ou en une portion légèrement plus grande que l'autre pour une tarte en treillis. Abaissez une portion de la pâte, ou la plus grosse, sur un plan de travail froid, si possible (une plaque de marbre est idéale) en un disque de 30 cm de diamètre environ et de 3 mm d'épaisseur. Travaillez rapidement pour que la pâte ne ramollisse pas trop. Abaissez la pâte à partir du centre, où elle est plus épaisse, pour qu'elle s'étale uniformément. Enveloppez le reste de la pâte dans le film alimentaire et replace-le au réfrigérateur. **5. Enroulez** l'abaisse, sans serrer, autour d'un rouleau à pâtisserie et déposez-la soigneusement dans un moule à tarte. Avec les doigts, pressez la pâte sur les bords du moule en prenant soin de ne pas la déchirer.

Découpez l'excédent de pâte en laissant un rebord de 1 cm plus grand que le bord extérieur du moule. Pour une tarte à pâte simple, rabattez l'excédent de pâte uniformément sous les bords du moule. Froncez les bords ou cannelez-les. Pour une tarte en treillis, rognez l'excédent de pâte en passant le rouleau à pâtisserie sur le dessus du moule. Placez de nouvau au réfrigérateur pour au moins 30 minutes. **6. Préparez** la garniture selon les indications de chaque recette. Versez-la sur le fond de tarte refroidi. **7. Déballez** l'autre portion de pâte. Pour une tarte à double pâte, abaissez-la en un cercle d'environ 28 cm de diamètre. Enroulez l'abaisse, sans serrer, autour du rouleau à pâtisserie et déposez-la sur la garniture.

Rabattez l'excédent de pâte sous les bords du fond de tarte. Froncez les bords ou cannelez-les. Pour une pâte en treillis, déballez l'autre portion de pâte et abaissez-la en un ovale d'environ 28 cm x 30 cm. Utilisez une roulette cannelée pour découper l'abaisse en bandes de 2 cm d'épaisseur. Éliminez les bandes extérieures qui ne serviront pas. **8. Disposez** les bandes de pâte avec précaution en les faisant se chevaucher dessus-dessous alternativement, jusqu'à obtenir un cadrillage régulier. **9. Laissez** déborder les bandes de 1 cm sur les bords. **10. Humectez** les bandes et collez-les sur l'abaisse du dessous.

PÂTE
1 pâte sablée cuite à blanc
(voir p. 8-9)

GARNITURE
8 œufs • 300 g de sucre en poudre • 25 cl de jus de citron • le zeste finement râpé de 3 citrons • 25 cl de crème fraîche liquide

POUR 8 PARTS - PRÉPARATION : 15 MIN + 1 H POUR LA PÂTE - REPOS : 30 MIN - CUISSON : 35 À 40 MIN

tarte au **citron**

PÂTE 1 **Préparez** la pâte sablée et faites-la cuire à blanc en suivant le pas à pas des p. 8 et 9.

GARNITURE 1. **Préchauffez** le four à 150 °C (therm. 5) et placez une plaque de cuisson dans le four. 2. **Cassez** les œufs dans un grand bol, ajoutez le sucre et fouettez quelques secondes – le mélange ne doit pas être mousseux. 3. **Filtrez** le jus de citron à travers un tamis à mailles fines, au-dessus d'un bol, puis versez-le dans le mélange d'œufs. Ajoutez le zeste de citron et la crème fraîche, puis fouettez jusqu'à obtenir une consistance lisse. 4. **Étalez** le mélange sur le fond de tarte précuit. 5. **Enfournez** et laissez cuire de 35 à 40 minutes, jusqu'à ce que la garniture soit prise mais légèrement tremblotante au centre. 6. **Laissez** refroidir à température ambiante avant de servir.

Voilà une tarte classique qui peut être préparée pour n'importe quelle occasion tout au long de l'année. Servez-la avec des fruits frais ou une cuillerée à soupe de crème fouettée, si désiré.

● Si vous avez aimé cette recette, essayez la tarte à la ricotta et aux zestes d'orange p. 24.

tarte à la confiture de fraise et aux amandes

POUR 8 PARTS - PRÉPARATION : 5 MIN + 1 H POUR LA PÂTE - CUISSON : 10 MIN

PÂTE

1 pâte sablée cuite à blanc (voir p. 8-9)

GARNITURE

450 g de confiture de fraise

• 80 g d'amandes effilées

PÂTE 1. **Préparez** la pâte sablée et faites-la cuire à blanc en suivant le pas à pas des p. 8 et 9.

GARNITURE 1. **Préchauffez** le four à 190 °C (therm. 6-7). 2. **Versez** la confiture de fraise sur le fond de tarte précuit et étalez-la uniformément avec une spatule. Parsemez d'amandes. 3. **Enfournez** pour 10 minutes, ou jusqu'à ce que la confiture bouillonne et que les amandes soient légèrement dorées. 4. **Servez** chaud ou à température ambiante.

Cette tarte classique peut être déclinée facilement en remplaçant la confiture de fraise par de la confiture de framboise, par exemple.

• Si vous avez aimé cette recette, essayez le Linzertorte au cacao et aux abricots p. 86.

PÂTE
1 pâte sablée cuite à blanc
(voir p. 8-9)

GARNITURE
50 cl de lait • 1/2 bâtonnet de cannelle • 3 jaunes d'œufs
• 75 g de sucre en poudre • 3 cuill. à soupe de fécule de maïs • 10 g de beurre salé
• 300 à 450 g de framboises

POUR 8 PARTS - PRÉPARATION : 20 MIN + 1 H POUR LA PÂTE - REPOS : 10 MIN - CUISSON : 25 MIN

tarte aux **framboises** et à la **crème pâtissière**

PÂTE 1. **Préparez** la pâte sablée et faites-la cuire à blanc en suivant le pas à pas des p. 8 et 9.

GARNITURE 1. **Préchauffez** le four à 230 °C (therm. 7-8). 2. **Mettez** le lait et la cannelle dans une casserole sur un feu moyen, puis portez à ébullition. Baissez le feu, couvrez et laissez bouillonner à feu très doux pendant 5 minutes. 3. **Filtrez** le lait à travers un tamis à mailles fines. 4. **Battez** les jaunes d'œufs, le sucre et la fécule de maïs dans un saladier jusqu'à obtenir une consistance homogène. Versez le lait chaud petit à petit dans le mélange d'œufs en remuant avec une cuillère en bois. 5. **Transvasez** la préparation dans la casserole et faites chauffer à feu doux, sans cesser de remuer avec la cuillère en bois, jusqu'à ce que la crème épaississe. Retirez du feu, incorporez le beurre et laissez refroidir un peu. 6. **Versez** la crème pâtissière sur le fond de tarte précuit, puis garnissez-la de framboises. 7. **Enfournez** pour 10 minutes. 8. **Servez** chaud ou à température ambiante.

● Si vous avez aimé cette recette, essayez la tarte au chocolat et aux framboises p. 84.

PÂTE
1 pâte sablée cuite à blanc
(voir p. 8-9)

GARNITURE
200 g de sucre en poudre • 180 g de beurre ramolli • 1 cuill. à café d'extrait de vanille • 3 œufs • 300 g d'amandes émondées finement hachées • 2 cuill. à soupe de farine • 2 poires coupées en deux, pelées et épépinées • 3 cuill. à soupe d'amandes effilées • 3 cuill. à soupe de miel liquide

POUR 8 PARTS - PRÉPARATION : 30 MIN + 1 H POUR LA PÂTE - RÉFRIGÉRATION : 30 MIN - CUISSON : 30 À 35 MIN

tarte aux **poires** et aux **amandes**

PÂTE 1. **Préparez** la pâte sablée et faites-la cuire à blanc en suivant le pas à pas des p. 8 et 9.

GARNITURE 1. **Préchauffez** le four à 190 °C (therm. 6-7). 2. **Battez** le sucre, le beurre et l'extrait de vanille au batteur électrique, à vitesse maximale, jusqu'à ce que le mélange soit pâle et crémeux. Ajoutez les œufs, un à un, en battant sans trop mélanger. Incorporez les amandes hachées et la farine. 3. **Couvrez** et placez au réfrigérateur environ 30 minutes jusqu'à obtenir une consistance ferme. 4. **Versez** la garniture sur le fond de tarte précuit. 5. **Coupez** les moitiés de poires en trois dans la longueur et disposez joliment les morceaux en les pressant dans la garniture. Parsemez le tout d'amandes effilées. 6. **Enfournez** pour 30 à 35 minutes, jusqu'à ce que la garniture soit ferme et dorée. 7. **Faites fondre** le miel dans une petite casserole sur feu doux. Badigeonnez-en la tarte et servez chaud ou à température ambiante.

Une superbe tarte à préparer à la fin de l'été et en automne, lorsque les poires de saison arrivent sur les étales des marchés.

● Si vous avez aimé cette recette, essayez la tarte aux poires et à la frangipane p. 70.

tarte à la mousse de fraises

POUR 8 PART - PRÉPARATION : 50 MIN + 1 H POUR LA PÂTE - RÉFRIGÉRATION : 2 H 30

PÂTE

1 pâte sablée cuite à blanc (voir p. 8-9)

GARNITURE

450 g de fraises équeutées • 2 cuill. à soupe d'eau bouillante • 3 cuill. à café de gélatine en poudre • 3 œufs + 2 jaunes d'œufs • 70 g de sucre en poudre • 1 cuill. à café d'extrait de vanille • 25 cl de crème fraîche liquide

PÂTE 1. **Préparez** la pâte sablée et faites-la cuire à blanc en suivant le pas à pas des p. 8 et 9.

GARNITURE 1. **Mettez** 375 g de fraises dans le bol d'un robot et mixez jusqu'à obtenir une purée lisse. Passez-la à travers un tamis à mailles fines au-dessus d'une petite casserole, puis portez pratiquement à ébullition sur feu moyen. 2. **Saupoudrez** la gélatine dans l'eau bouillante. 3. **Battez** les œufs, les jaunes d'œufs, le sucre et l'extrait de vanille, dans un bol, au batteur électrique jusqu'à ce que le mélange soit pâle et crémeux. 4. **Versez** la préparation dans le coulis de fraises chaud en battant jusqu'à obtenir une consistance homogène. Remettez le tout dans la casserole sur feu doux et remuez jusqu'à ce que le mélange épaississe légèrement. 5. **Retirez** la casserole du feu, puis incorporez la gélatine. 6. **Filtrez** la préparation aux fraises à travers un tamis à mailles fines au-dessus d'un bol, puis placez-la au réfrigérateur environ 30 minutes en la remuant de temps en temps. 7. **Fouettez** la crème fraîche dans un petit bol jusqu'à ce qu'elle forme des pics mous. Incorporez-la à la préparation aux fraises refroidie, puis versez le tout sur le fond de tarte précuit. 8. **Laissez reposer** au réfrigérateur au moins 2 heures jusqu'à ce que la garniture soit bien ferme. 9. **Coupez** le reste des fraises et disposez-les joliment sur le pourtour de la mousse. Servez.

Il faut du temps et du savoir-faire pour préparer cette tarte, mais vous ne regretterez pas vos efforts…

• Si vous avez aimé cette recette, essayez la tourte aux pommes et aux fraises p. 96.

tarte aux pommes et au calvados

POUR 8 PARTS - PRÉPARATION : 30 MIN + 1 H POUR LA PÂTE - CUISSON : 40 À 45 MIN

PÂTE

1 pâte sablée cuite à blanc (voir p. 8-9)

GARNITURE

5 pommes pelées et épépinées • 80 g de sucre en poudre • 2 cuill. à soupe de calvados • 10 g de beurre • 1/2 cuill. à café de cannelle en poudre • 1 cuill. à soupe de beurre salé fondu • 4 cuill. à soupe de sucre glace • 3 cuill. à soupe de confiture d'abricot

PÂTE **1. Préparez** la pâte sablée et faites-la cuire à blanc en suivant le pas à pas des p. 8 et 9.

GARNITURE **1. Coupez** la chair de 3 pommes en dés, puis mettez-les dans une casserole. Ajoutez 30 g de sucre, 1 cuillerée à soupe de calvados, le beurre et la cannelle, puis faites chauffer à feu doux de 10 à 15 minutes en remuant de temps en temps, jusqu'à ce que les pommes ramollissent. Écrasez celles-ci et laissez compoter à feu très doux jusqu'à ce que la plus grande partie du jus se soit évaporée. **2. Versez** la compote de pommes sur le fond de tarte précuit et réservez. **3. Préchauffez** le four à 190 °C (therm. 6-7). **4. Tranchez** finement la chair des 2 pommes restantes dans la longueur. Disposez joliment les lamelles sur la garniture dans un schéma circulaire, en partant du centre vers le bord de la tarte. Badigeonnez le tout de beurre fondu et saupoudrez du reste de sucre. **5. Enfournez** pour 20 minutes, jusqu'à ce que les pommes soient tendres. **6. Mettez** le four sur la position gril. **7. Saupoudrez** la tarte de sucre glace et couvrez le bord de la pâte d'une feuille d'aluminium. Placez la tarte à 10 cm du gril et faites-la dorer 1 ou 2 minutes. Retirez la feuille d'aluminium. **8. Faites chauffer** la confiture d'abricot et le reste de calvados dans une petite casserole, puis badigeonnez-en la tarte. Servez chaud.

Avec ses 40 % Vol. d'alcool, le calvados s'apprécie aussi bien en cuisine ou en pâtisserie qu'en boisson… avec modération, bien évidemment.

● Si vous avez aimé cette recette, essayez l'apple pie p. 106.

tarte à la ricotta et aux zestes d'orange

POUR 8 PARTS - PRÉPARATION : 25 MIN + 1 H POUR LA PÂTE - REPOS : 30 MIN - CUISSON : 20 À 25 MIN

PÂTE

1 pâte sablée cuite à blanc
(voir p. 8-9)

GARNITURE

2 œufs + 1 jaune d'œuf • 375 g de ricotta égouttée • 100 g de sucre glace • 2 cuill. à café de zeste d'orange finement râpé • 1 1/2 cuill. à soupe de liqueur Grand Marnier • 25 cl de crème fraîche liquide

PÂTE **1. Préparez** la pâte sablée et faites-la cuire à blanc en suivant le pas à pas des p. 8 et 9.

GARNITURE **1. Préchauffez** le four à 190 °C (therm. 6-7). **2. Mettez** les œufs, le jaune d'œuf, la ricotta, le sucre glace, le zeste d'orange et la liqueur dans un saladier, puis mélangez bien. **3. Fouettez** 20 cl de crème fraîche, dans un bol, au batteur électrique à vitesse maximale, jusqu'à ce qu'elle forme des pics mous. **4. Incorporez-la** au mélange de ricotta. **5. Répartissez** la préparation sur le fond de tarte précuit, puis enfournez pour 20 à 25 minutes, jusqu'à ce que la pâte soit dorée et la garniture prise. **7. Sortez** la tarte du four et laissez-la refroidir à température ambiante. **8. Fouettez** le reste de crème fraîche pour la faire épaissir, puis garnissez-en une poche à douille et décorez le dessus de la tarte. Servez immédiatement.

Portez votre choix sur des oranges biologiques pour en râper le zeste : l'écorce ne contiendra pas de produits chimiques ni de cire.

• Si vous avez aimé cette recette, essayez la tarte meringuée au citron et au citron vert p. 32.

tarte aux fruits

POUR 8 PARTS - PRÉPARATION : 30 MIN + 1 H POUR LA PÂTE - RÉFRIGÉRATION : 30 MIN

PÂTE

1 pâte sablée cuite à blanc (voir p. 8-9)

GARNITURE

150 g de fromage frais • 75 g de sucre glace • 1 cuill. à café de zeste de citron finement râpé • 1 cuill. à soupe de jus de citron • 2 cuill. à soupe de crème fraîche épaisse • 4 fraises tranchées • 3 ou 4 kiwis pelés et tranchés • 200 g de mûres • 200 g de framboises • 100 g de myrtilles • 100 g de gelée de coing

PÂTE 1. **Préparez** la pâte sablée et faites-la cuire à blanc en suivant le pas à pas des p. 8 et 9.

GARNITURE 1. **Battez** le fromage frais, le sucre glace, le zeste et le jus de citron ainsi que la crème fraîche jusqu'à obtenir une consistance légère. 2. **Étalez** la préparation sur le fond de tarte précuit. 3. **Disposez** une rangée de tranches de fraise sur le pourtour de la tarte de sorte que le bout de chaque fraise dépasse de la pâte. Disposez successivement, en cercles concentriques, les tranches de kiwi en les faisant se chevaucher avec les fraises, puis les mûres et les framboises. Placez enfin les myrtilles au centre de la tarte. Les fruits doivent complètement couvrir la garniture. 4. **Faites chauffer** la gelée de coing jusqu'à ce qu'elle soit liquide, puis badigonnez-en les fruits. 5. **Placez** la tarte au réfrigérateur au moins 30 minutes avant de la servir.

Cette tarte étonnante est parfaite pour les grandes occasions. Vous pouvez varier la garniture de fruits selon la saison.

● Si vous avez aimé cette recette, essayez la tarte aux framboises et à la crème pâtissière p. 16.

PÂTE
150 g de beurre salé ramolli
coupé en portions • 75 g de sucre glace
• 2 jaunes d'œufs • 200 g de farine
• 50 g d'amandes en poudre • 3 ou 4 cuill. à café d'eau glacée

GARNITURE
60 cl de lait • 1 gousse de vanille fendue dans la longueur
• 5 jaunes d'œufs • 100 g de sucre en poudre • 50 g de farine
• 50 g d'amandes en poudre • 150 g de confiture de cerises noires • 50 g d'amandes effilées

POUR 8 PARTS - PRÉPARATION : 40 MIN - RÉFRIGÉRATION : 1 H 30 - CUISSON : 40 À 50 MIN

tarte à la crème et aux amandes

PÂTE 1. **Fouettez** le beurre et le sucre glace au batteur électrique à vitesse maximale jusqu'à ce que le mélange soit pâle et crémeux. Incorporez les jaunes d'œufs, un à un, puis la farine, les amandes en poudre et suffisamment d'eau glacée pour que la pâte s'agglomère. 2. **Façonnez** une boule de pâte, enveloppez-la de film alimentaire et placez-la au frais pendant 1 heure. 3. **Sortez** la pâte du réfrigérateur et abaissez-la sur un plan de travail fariné jusqu'à 5 mm d'épaisseur. 4. **Garnissez-en** un moule à tarte à fond amovible de 28 cm de diamètre et rognez les bords. Placez à nouveau au réfrigérateur pour 30 minutes. 5. **Préchauffez** le four à 180 °C (therm. 6). 6. **Tapissez** le fond de tarte d'une feuille d'aluminium, puis couvrez-la de billes de cuisson ou de haricots secs. 7. **Enfournez** pour 10 minutes, puis retirez les billes et la feuille d'aluminium et enfournez de nouveau pour 5 à 10 minutes.

GARNITURE 1. **Maintenez** le four à la même température. 2. **Mettez** le lait et la gousse de vanille dans une casserole sur un feu moyen et portez à ébullition. 3. **Battez** les jaunes d'œufs et le sucre, dans un saladier, au batteur électrique à vitesse maximale, jusqu'à ce que le mélange soit pâle et crémeux. Incorporez la farine et les amandes en poudre. 4. **Versez** le lait petit à petit en remuant bien. Remettez la casserole sur un feu doux et faites chauffer 2 ou 3 minutes, sans cesser de remuer, jusqu'à ce que la crème épaississe. Jetez la gousse de vanille. 5. **Étalez** la confiture de cerise sur le fond de tarte, recouvrez de crème pâtissière et parsemez le tout d'amandes effilées. 6.**Enfournez** pour 20 minutes environ, jusqu'à ce que la tarte soit bien dorée. Servez-la chaude ou à température ambiante.

Cette tarte réconfortante est idéale pour les froides journées d'hiver. Vous pouvez varier les saveurs en remplaçant la confiture de cerise par de la confiture de mûre ou de prune.

● Si vous avez aimé cette recette, essayez la tarte Bakewell p. 40.

tarte aux pignons

POUR 8 PARTS - PRÉPARATION : 20 MIN + 1 H POUR LA PÂTE - CUISSON : 35 À 40 MIN

PÂTE

1 pâte sablée cuite à blanc (voir p. 8-9)

GARNITURE

20 cl de sirop d'érable • 1½ cuill. à soupe de jus de citron • 180 g de beurre ramolli • 150 g de cassonade • 1 cuill. à café d'extrait de vanille • 1 cuill. à café de zeste de citron finement râpé • 4 œufs • 350 g de pignons légèrement grillés

PÂTE **1. Préparez** la pâte sablée et faites-la cuire à blanc en suivant le pas à pas des p. 8 et 9.

GARNITURE **1. Préchauffez** le four à 180 °C (therm. 6). **2. Faites chauffer** le sirop d'érable et le jus de citron dans une petite casserole sur feu doux jusqu'à ce que le mélange soit liquide. **3. Mélangez** le beurre, la cassonade, l'extrait de vanille et le zeste de citron, dans un saladier, au batteur électrique à vitesse moyenne, jusqu'à ce que le mélange soit pâle et crémeux. Incorporez les œufs, un à un, toujours à l'aide du batteur ainsi que le sirop d'érable citronné. Ajoutez les pignons et mélangez avec une cuillère en bois. **4. Versez** la garniture sur le fond de tarte précuit et enfournez pour 35 à 40 minutes, jusqu'à ce que la tarte soit dorée. Servez chaud ou à température ambiante.

Les pignons sont riches en protéines, en vitamines et en minéraux. Cette tarte est un formidable moyen de profiter des bienfaits que procure cet aliment santé.

● Si vous avez aimé cette recette, essayez la tarte Streusel aux mûres et aux noisettes p. 44.

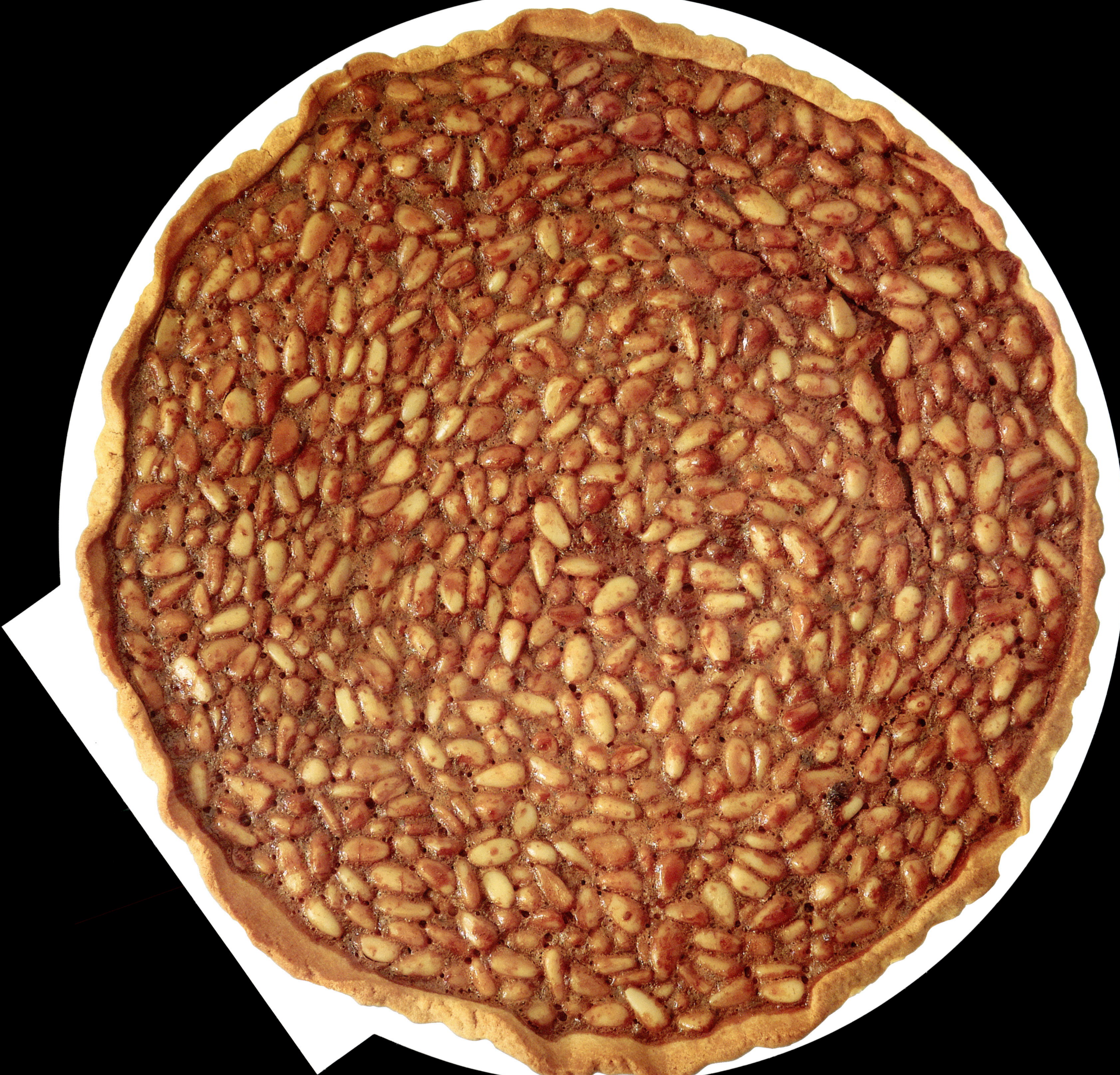

GARNITURE
200 g de sucre en poudre • 4 cuill. à soupe de jus de citron vert
• 4 cuill. à soupe de jus de citron • 2 cuill. à café de zeste de citron vert finement râpé
• 2 cuill. à café de zeste de citron finement râpé • 6 œufs, jaunes et blancs séparés
• 125 g de beurre froid coupé en cubes • 1/2 cuill. à café d'extrait de vanille

POUR 8 PARTS - PRÉPARATION : 25 MIN + 1 H POUR LA PÂTE - CUISSON : 15 À 20 MIN - REPOS : 30 MIN

tarte **meringuée** au **citron** et au **citron vert**

PÂTE 1. **Préparez** la pâte sablée et faites-la cuire à blanc en suivant le pas à pas des p. 8 et 9.

GARNITURE 1. **Préchauffez** le four à 190 °C (therm. 6-7). 2. **Mélangez** 100 g de sucre avec les jus et les zestes de citron et de citron vert dans une casserole. Faites chauffer sur feu moyen jusqu'à ce que le sucre soit dissous. 3. **Battez** les jaunes d'œufs dans un saladier, puis versez le sirop citronné chaud petit à petit tout en remuant. Filtrez le mélange à travers un tamis à mailles fines, puis tansvasez-le dans le saladier et placez celui-ci au bain-marie sur une casserole d'eau frémissante. Laissez cuire doucement, sans cesser de remuer, jusqu'à ce que le mélange épaississe et nappe le dos d'une cuillère en bois. 4. **Retirez** la casserole du feu et incorporez les cubes de beurre, un à un. 5. **Versez** le mélange sur le fond de tarte précuit. 6. **Battez** les blancs d'œufs, dans un bol, au batteur électrique à vitesse moyenne jusqu'à ce qu'ils forment des pics mous. Ajoutez le reste de sucre en pluie fine, tout en continuant de battre, jusqu'à obtenir une meringue épaisse et brillante. Incorporez délicatement l'extrait de vanille. 7. **Déposez** la meringue sur la garniture et, à l'aide d'une spatule, formez des vagues et des pics. 8. **Enfournez** pour 5 à 10 minutes, jusqu'à ce que la meringue soit légèrement dorée. 9. **Laissez** la tarte refroidir à température ambiante.

te meringuée au chocolat p. 78.

tarte au chocolat

POUR 8 PARTS - PRÉPARATION : 15 MIN + 1 H POUR LA PÂTE - REPOS : 2 H 15 - CUISSON : 5 MIN

PÂTE

1 pâte sablée cuite à blanc (voir p. 8-9)

GARNITURE

50 cl de crème fraîche liquide • 400 g de chocolat noir (70 % de cacao) râpé • 1 cuill. à soupe de liqueur Cointreau® ou de brandy • 150 g de framboises

PÂTE **1. Préparez** la pâte sablée et faites-la cuire à blanc en suivant le pas à pas des p. 8 et 9.

GARNITURE **1. Versez** la crème fraîche dans une casserole à fond épais, puis portez lentement à ébullition. Dès les premiers bouillons, retirez la casserole du feu, puis ajoutez le chocolat et la liqueur. Mélangez jusqu'à ce que tout le chocolat ait fondu et que vous obteniez une consistance lisse. **2. Laissez** refroidir 15 minutes. **3. Versez** la garniture sur le fond de tarte précuit et laissez prendre au réfrigérateur pendant 2 heures. **4. Garnissez** la tarte de framboises et servez.

Organisez-vous à l'avance : préparez la pâte brisée la veille et la garniture 3 ou 4 heures avant de la servir.

● Si vous avez aimé cette recette, essayez la tarte glacée au chocolat et aux noix de macadamia p. 80.

tarte à la crème et à la muscade

POUR 8 PARTS - PRÉPARATION : 10 MIN + 1 H POUR LA PÂTE - CUISSON : 45 À 50 MIN - RÉFRIGÉRATION : 1 H 30

PÂTE

1 pâte sablée (voir p. 8-9) aromatisée de 1 cuill. à café de zeste de citron finement râpé

GARNITURE

3 œufs + 2 jaunes d'œufs • 3 cuill. à soupe de sucre en poudre • 50 cl de crème fraîche liquide • 37,5 cl de lait • 1 cuill. à café de muscade en poudre

PÂTE **1. Préparez** la pâte sablée en ajoutant le zeste de citron aux ingrédients secs et faites-la cuire à blanc en suivant le pas à pas des p. 8 et 9.

GARNITURE **1. Préchauffez** le four à 180 °C (therm. 6). **2. Battez** les œufs, les jaunes d'œufs, le sucre, la crème fraîche et le lait dans un saladier jusqu'à obtenir une consistance homogène. Versez la préparation sur le fond de tarte précuit. **3. Enfournez** pour 45 à 50 minutes ou jusqu'à ce que le mélange soit tout juste pris. Retirez la tarte du four et saupoudrez-la de muscade. **4. Laissez** refroidir à température ambiante, puis placez au réfrigérateur au moins 1 heure avant de servir.

Une part de cette tarte à la crème vous réconfortera à coup sûr ! Servez-la telle quelle ou avec des fruits tranchés.

• Si vous avez aimé cette recette, essayez la tarte à la crème et aux amandes p. 28.

tarte à la mangue et à la noix de coco

POUR 8 PARTS - PRÉPARATION : 25 MIN + 1 H POUR LA PÂTE - CUISSON : 40 MIN - RÉFRIGÉRATION : 1 H

PÂTE

1 pâte sablée cuite à blanc (voir p. 8-9)

GARNITURE

4 œufs • 300 g de sucre en poudre • 250 g de mascarpone • 20 cl de lait de coco • 300 g de noix de coco râpée • 2 mangues coupées en lamelles

PÂTE 1. **Préparez** la pâte sablée et faites-la cuire à blanc en suivant le pas à pas des p. 8 et 9.

GARNITURE 1. **Préchauffez** le four à 180 °C (therm. 6). 2. **Battez** les œufs et le sucre au batteur électrique à vitesse moyenne jusqu'à ce que le mélange soit léger et mousseux. Incorporez le mascarpone, le lait de coco et la noix de coco râpée à l'aide d'une cuillère en bois. 3. **Versez** la garniture sur le fond de tarte précuit, puis disposez joliment les lamelles de mangue en éventail. 4. **Enfournez** pour 40 minutes, jusqu'à ce que la tarte soit dorée. 5. **Laissez** refroidir 1 heure avant de servir.

Les mangues sont non seulement délicieuses, mais elles sont aussi une excellente source de carotène et de vitamine C… pour le cas où vous auriez besoin de justifier le choix de cette délicieuse tarte.

• Si vous avez aimé cette recette, essayez la tourte aux framboises et à la noix de coco p. 108.

PÂTE
1 pâte sablée cuite à blanc
(voir p. 8-9)

GARNITURE
200 g de sucre en poudre • 180 g de beurre ramolli
• 75 g de farine • 225 g d'amandes en poudre • 4 œufs
• 1 cuill. à café d'extrait d'amande • 150 g de confiture de fraise • 50 g d'amandes effilées

POUR 8 PARTS - PRÉPARATION : 15 MIN + 1 H POUR LA PÂTE - CUISSON : 35 À 40 MIN

tarte Bakewell

La tarte Bakewell est un dessert traditionnel anglais qui aurait été créé dans les années 1860 dans le village de Bakewell, dans le Derbyshire.

PÂTE **1. Préparez** la pâte sablée et faites-la cuire à blanc en suivant le pas à pas des p. 8 et 9.

GARNITURE **1. Préchauffez** le four à 170 °C (therm. 5-6). **2. Mélangez** le sucre, le beurre, la farine, les amandes en poudre, les œufs et l'extrait d'amande dans le bol d'un robot pendant environ 2 minutes, jusqu'à obtenir une pâte lisse. **3. Étalez** la confiture de fraise sur le fond de tarte précuit, puis la frangipane, en lissant la surface avec une spatule ou le dos d'une cuillère. **4. Enfournez** pour 30 minutes. Retirez la tarte du four, saupoudrez-la d'amandes effilées et faites-la cuire encore de 5 à 10 minutes, jusqu'à ce qu'elle soit bien dorée. Servez à température ambiante.

● Si vous avez aimé cette recette, essayez la ta

tarte aux pommes et aux noix de pécan

POUR 8 PARTS - PRÉPARATION : 15 MIN + 1 H POUR LA PÂTE - CUISSON : 40 À 55 MIN

PÂTE

1 pâte sablée cuite à blanc (voir p. 8-9)

GARNITURE

4 cuill. à soupe de calvados • 6 cuill. à soupe de cassonade • 1/2 gousse de vanille fendue dans la longueur • 1/2 cuill. à café de cannelle en poudre • 6 pommes acidulées pelées, épépinées et coupées en quartiers • 120 g de noix de pécan

PÂTE 1. **Préparez** la pâte sablée et faites-la cuire à blanc en suivant le pas à pas des p. 8 et 9.

GARNITURE 1. **Préchauffez** le four à 180 °C (therm. 6). 2. **Mettez** le calvados, la cassonade, la demi-gousse de vanille et ses graines raclées ainsi que la cannelle dans une grande casserole. Faites chauffer sur un feu moyen jusqu'à ce que le sucre soit dissous. 3. **Ajoutez** les quartiers de pomme et faites-les cuire de 5 à 10 minutes, en remuant souvent, jusqu'à ce qu'ils aient un peu ramolli. Ajoutez les noix de pécan et mélangez. 4. **Disposez** joliment les quartiers de pomme et les noix de pécan sur le fond de tarte précuit. Retirez la gousse de vanille de la casserole et versez le sirop sur les pommes. 5. **Enfournez** pour 30 à 40 minutes, jusqu'à ce que les pommes soient dorées et tendres. Servez chaud ou à température ambiante, éventuellement accompagné d'une cuillerée à soupe de crème fouettée.

Cette tarte est aussi très bonne accompagnée de crème glacée à la vanille ou à la cannelle.

Si vous avez aimé cette recette, essayez la tarte aux pommes et aux myrtilles p. 110.

PÂTE
1 pâte sablée cuite à blanc
(voir p. 8-9)

GARNITURE
1 kg de mûres • 75 g de sucre en poudre • 3 cuill. à soupe de noisettes en poudre • 2 cuill. à café de zeste d'orange finement râpé • 150 g de farine • 100 g de cassonade • 2 cuill. à café de cannelle en poudre • 125 g de beurre coupé en cubes • 150 g de noisettes grossièrement hachées

POUR 8 PARTS - PRÉPARATION : 25 MIN + 1 H POUR LA PÂTE - CUISSON : 30 À 35 MIN

tarte Streusel aux mûres et aux noisettes

PÂTE 1. **Préparez** la pâte sablée et faites-la cuire à blanc en suivant le pas à pas des p. 8 et 9.

GARNITURE 1. **Préchauffez** le four à 180 °C (therm. 6). 2. **Mélangez** les mûres, le sucre, les noisettes en poudre et le zeste d'orange dans un saladier. Étalez cette préparation sur le fond de tarte précuit. 3. **Mélangez** la farine, la cassonade et la cannelle dans un bol. Incorporez le beurre en le frottant du bout des doigts jusqu'à obtenir la consistance d'une chapelure fine. Ajoutez les noisettes hachées et mélangez. Parsemez la garniture aux mûres de chapelure aux noisettes. 4. **Enfournez** pour 30 à 35 minutes, jusqu'à ce que la tarte soit croustillante et dorée. Servez chaud ou tiède accompagné de crème fraîche ou de crème glacée.

Cette tarte délicieuse est le dessert idéal pour terminer un repas décontracté en famille ou entre amis.

● Si vous avez aimé cette recette, essayez la tarte rustique aux fruits rouges p. 88.

PÂTE

1 pâte sablée cuite à blanc
(voir p. 8-9)

GARNITURE

250 g de mascarpone • 300 g de ricotta égouttée • 150 g de sucre en poudre • 12,5 cl de miel liquide • $1 \frac{1}{2}$ cuill. à café d'extrait de vanille • 3 œufs + 1 jaune d'œuf • 2 cuill. à soupe de farine • 15 prunes mûres dénoyautées et coupées en quartiers • 4 cuill. à soupe de confiture d'abricot

POUR 8 PARTS - PRÉPARATION : 25 MIN + 1 H POUR LA PÂTE - CUISSON : 35 À 45 MIN

tarte à la ricotta et aux prunes

PÂTE **1. Préparez** la pâte sablée et faites-la cuire à blanc en suivant le pas à pas des p. 8 et 9.

GARNITURE **1. Préchauffez** le four à 170 °C (therm. 5-6). **2. Battez** le mascarpone, la ricotta, le sucre, le miel et l'extrait de vanille, dans un saladier, au batteur électrique à vitesse moyenne, jusqu'à obtenir une consistance lisse. Incorporez les œufs, le jaune d'œuf et la farine. **3. Étalez** la préparation sur le fond de tarte précuit, puis disposez joliment les quartiers de prunes. **4. Enfournez** pour 30 à 40 minutes, jusqu'à ce que la garniture soit légèrement dorée et juste prise.

7. Faites chauffer la confiture d'abricot dans une petite casserole sur feu doux, puis badigeonnez-en la tarte et servez chaud.

Pour de meilleurs résultats, choisissez des prunes rouges mûres légèrement acidulées. La saveur prononcée des fruits contrastera agréablement avec la garniture douce et crémeuse.

• Si vous avez aimé cette recette, essayez la tarte à la ricotta et aux zestes d'orange p. 24.

PÂTE

1 pâte sablée cuite à blanc (voir p. 8-9)

GARNITURE

3 cuill. à soupe d'amandes en poudre • 8 cuill. à soupe de cassonade • 2 cuill. à café de zeste d'orange finement râpé • 180 g de mascarpone • 12 à 15 prunes pelées, coupées en deux et dénoyautées • 125 g de beurre salé ramolli • 200 g de biscuits amaretti écrasés • 100 g d'amandes effilées • 6 cuill. à soupe de noix de coco râpée • 2 cuill. à café de cannelle en poudre

POUR 8 PARTS - PRÉPARATION : 25 MIN + 1 H POUR LA PÂTE - CUISSON : 35 À 40 MIN

tarte croquante aux prunes et aux amaretti

PÂTE **1. Préparez** la pâte sablée et faites-la cuire à blanc en suivant le pas à pas des p. 8 et 9.

GARNITURE **1. Préchauffez** le four à 190 °C (therm. 6-7). **2. Mélangez** les amandes en poudre, 2 cuillerées à soupe de cassonade, le zeste d'orange et le mascarpone dans un saladier, en remuant avec une cuillère en bois. Ajoutez les moitiés de prunes en remuant pour bien les enrober du mélange. **3. Étalez** la préparation sur le fond de tarte précuit. **4. Mettez** le reste des ingrédients dans un saladier, puis frottez-les avec les mains jusqu'à obtenir un mélange grumeleux. **5. Saupoudrez-en** la garniture aux prunes. **6. Enfournez** pour 35 à 40 minutes, jusqu'à ce que la tarte soit bien dorée. Servez chaud ou à température ambiante.

Cette tarte aux fruits est particulièrement bonne servie chaude avec de la crème pâtissière ou avec une boule de crème glacée à la vanille.

Si vous avez aimé cette recette, essayez la tarte Streusel aux mûres et aux noisettes p. 44.

tarte aux fruits de la Passion

POUR 8 PARTS - PRÉPARATION : 25 MIN + 1 H POUR LA PÂTE - CUISSON : 15 MIN - RÉFRIGÉRATION : 1 H

PÂTE

1 pâte sablée cuite à blanc (voir p. 8-9)

GARNITURE

350 g de sucre en poudre • 30 cl de pulpe de fruits de la Passion • 1 cuill. à soupe de jus d'orange • 1 cuill. à café de zeste d'orange finement râpé • 7 jaunes d'œufs • 300 g de beurre coupé en cubes

PÂTE **1. Préparez** la pâte sablée et faites-la cuire à blanc en suivant le pas à pas des p. 8 et 9.

GARNITURE **1. Faites chauffer** le sucre, la pulpe de fruits de la Passion, ainsi que le jus et le zeste d'orange dans une casserole sur feu moyen en remuant jusqu'à ce que le sucre soit dissous. **2. Battez** les jaunes d'œufs dans un saladier, puis incorporez-les petit à petit au mélange chaud. Filtrez la préparation à travers un tamis à mailles fines au-dessus d'un bol. Placez celui-ci dans une casserole au bain-marie. Faites cuire sans cesser de remuer, jusqu'à ce que le mélange épaississe et nappe le dos d'une cuillère en bois, et en veillant à ne jamais le laisser atteindre l'ébullition. **3. Retirez** la casserole du feu, puis incorporez le beurre, un cube à la fois, en fouettant. **4. Étalez** la crème aux fruits de la Passion sur le fond de tarte précuit et lissez-la à l'aide d'une spatule ou du dos d'une cuillère. **5. Placez** au réfrigérateur au moins 1 heure avant de servir.

Cette élégante tarte se savoure froide, mais ne la laissez pas plus de 3 ou 4 heures au réfrigérateur, car la pâte deviendrait détrempée et peu appétissante.

● Si vous avez aimé cette recette, essayez la tarte au citron p. 12.

tarte au moka

POUR 8 PARTS - PRÉPARATION : 25 MIN + 1 H POUR LA PÂTE - RÉFRIGÉRATION : 1 H

PÂTE

1 pâte sablée au chocolat cuite à blanc (voir p. 8-9)

GARNITURE

400 g de chocolat noir grossièrement haché • 62,5 cl de crème fraîche liquide • 1 cuill. à soupe de granules de café lyophilisé • 4 cuill. à soupe de liqueur de café • 90 g de mascarpone • 3 cuill. à soupe de sucre glace • cacao amer en poudre

PÂTE **1. Préparez** la pâte sablée au chocolat et faites-la cuire à blanc en suivant le pas à pas des p. 8 et 9.

GARNITURE **1. Faites chauffer** le chocolat, 37 cl de crème fraîche, ainsi que les granules et la liqueur de café dans bol placé dans une casserole au bain-marie. Lissez la préparation. **2. Versez** la ganache sur le fond de tarte précuit, puis placez au réfrigérateur pour environ 1 heure, jusqu'à ce que la garniture soit ferme. **3. Battez** le reste de crème fraîche, le mascarpone et le sucre glace, dans un saladier, au batteur électrique à vitesse moyenne, jusqu'à ce que le mélange forme des pics mous. **4. Étalez** la crème fouettée sur la garniture et saupoudrez le tout de cacao amer. Servez aussitôt.

Dégustez cette tarte riche et crémeuse au dessert, accompagnée d'un espresso corsé.

● Si vous avez aimé cette recette, essayez la tarte riche au

tarte aux cerises

POUR 8 PARTS - PRÉPARATION : 20 MIN + 1 H POUR LA PÂTE - CUISSON : 40 MIN

PÂTE

1 pâte sablée cuite à blanc (voir p. 8-9)

GARNITURE

35 cl de crème fraîche liquide • 125 g de fromage frais • 1 cuill. à café de zeste de citron finement râpé • 3 jaunes d'œufs • 100 g de cassonade • 3/4 cuill. à café de cannelle en poudre • $1\frac{1}{2}$ cuill. à soupe de liqueur de cerise • 750 g de cerises griottes dénoyautées

PÂTE 1. **Préparez** la pâte sablée et faites-la cuire à blanc en suivant le pas à pas des p. 8 et 9.

GARNITURE 1. **Préchauffez** le four à 190 °C (therm. 6-7). 2. **Battez** la crème fraîche, le fromage frais, le zeste de citron, les jaunes d'œufs, la cassonade, la cannelle et la liqueur de cerise dans un saladier, jusqu'à obtenir une consistance lisse. 3. **Versez** la préparation crémeuse sur le fond de tarte précuit, puis disposez les cerises. 4. **Enfournez** pour 40 minutes jusqu'à ce que la garniture soit dorée et ferme. Servez chaud ou à température ambiante.

Les cerises griottes sont petites, acides et piquantes au goût. On les trouve facilement en saison ou bien en conserve ou congelées le reste de l'année.

• Si vous avez aimé cette recette, essayez la tourte aux cerises p. 116.

PÂTE
1 pâte sablée cuite à blanc
(voir p. 8-9)

GARNITURE
7 jaunes d'œufs • 225 g de sucre en poudre • 45 cl de crème fraîche liquide • 20 cl de lait • 1 gousse de vanille fendue dans la longueur

POUR 8 PARTS - PRÉPARATION : 20 MIN + 1 H POUR LA PÂTE - CUISSON : 40 À 45 MIN - RÉFRIGÉRATION : 1 H 30

tarte à la **crème brûlée**

PÂTE 1. **Préparez** la pâte sablée et faites-la cuire à blanc en suivant le pas à pas des p. 8 et 9.

GARNITURE 1. **Préchauffez** le four à 170 °C (therm. 5-6). 2. **Battez** les jaunes d'œufs et 150 g de sucre dans un saladier jusqu'à ce que le mélange soit pâle et crémeux. 3. **Versez** la crème fraîche et le lait dans une petite casserole, grattez les graines de la vanille, ajoutez-les dans le lait ainsi que la gousse. Portez à ébullition sur un feu moyen. 4. **Versez** le mélange chaud dans les jaunes d'œufs, petit à petit et en fouettant, jusqu'à obtenir une consistance lisse et homogène. Passez la préparation à travers un tamis à mailles fines et jetez la gousse de vanille. 5. **Répartissez** la crème sur le fond de tarte précuit. 6. **Enfournez** pour 35 à 40 minutes, jusqu'à ce que la garniture soit ferme. 7. **Laissez** refroidir à température ambiante, puis placez au réfrigérateur pour 1 heure, jusqu'à ce que la tarte soit bien froide. 8. **Préchauffez** le gril du four. 9. **Saupoudrez** la tarte du reste de sucre et couvrez le bord de la pâte d'une feuille d'aluminium pour l'empêcher de brûler. 10. **Placez** la tarte sur la plus haute grille du four, sous le gril, et faites caraméliser 1 ou 2 minutes jusqu'à ce que la tarte soit bien dorée. Servez immédiatement.

Pour une saveur plus riche, remplacez le sucre en poudre par la même quantité de cassonade.

te à la crème et à la muscade p. 36.

PÂTE

1 pâte sablée cuite à blanc
(voir p. 8-9)

GARNITURE

500 g de mascarpone • 20 cl de crème fraîche liquide
• 150 g de sucre en poudre • 20 cl de café espresso fort • 10 cl d'amaretto (liqueur d'amande)
• 12 à 16 biscuits à la cuillère • 90 g de chocolat noir finement râpé

tarte façon **tiramisu**

POUR 8 PARTS - PRÉPARATION : 20 MIN + 1 H POUR LA PÂTE - RÉFRIGÉRATION : 2 H

PÂTE **1. Préparez** la pâte sablée et faites-la cuire à blanc en suivant le pas à pas des p. 8 et 9.

GARNITURE **1. Battez** le mascarpone, la crème fraîche et le sucre, dans un saladier, au batteur électrique muni d'un fouet, jusqu'à ce que le mélange forme des pics fermes. **2. Étalez-en** un tiers sur le fond de tarte précuit. **3. Mélangez** le café et l'amaretto dans un petit bol. Faites tremper les biscuits à la cuillère pendant quelques secondes, puis disposez-les sur la couche de crème. Répartissez le reste de la crème fouettée sur les biscuits et lissez à l'aide d'une spatule ou du dos d'une cuillère. **4. Placez** au frais pour 2 heures. **5. Sortez** la tarte du réfrigérateur, puis saupoudrez-la de chocolat juste avant de la servir.

Voici une façon originale de servir un tiramisu ! Veillez à utiliser un moule à tarte profond qui contiendra toute la garniture crémeuse.

● Si vous avez aimé cette recette, essayez la tarte à la mousse au chocolat p. 74.

PÂTE
1 pâte sablée cuite à blanc
(voir p. 8-9)

GARNITURE
20 cl de jus de citron vert • 1 cuill. à soupe de gélatine en poudre • 4 jaunes d'œufs • 400 g de lait concentré sucré • 3 cuill. à soupe de zeste de citron vert finement râpé • 25 cl de crème fraîche liquide

POUR 8 PARTS - PRÉPARATION : 30 MIN + 1 H POUR LA PÂTE - RÉFRIGÉRATION : 3 H

tarte au citron vert

PÂTE 1. **Préparez** la pâte sablée et faites-la cuire à blanc en suivant le pas à pas des p. 8 et 9.

GARNITURE 1. **Versez** le jus de citron vert dans une petite casserole, puis ajoutez la gélatine. Laissez tremper 5 minutes. 2. **Battez** les jaunes d'œufs, dans un bol, au batteur électrique à vitesse maximale, jusqu'à ce que le mélange soit pâle et épais. 3. **Faites chauffer** le mélange de jus de citron vert et de gélatine sur feu doux jusqu'à ce que la gélatine soit dissoute. 4. **Versez** le lait concentré et de jus de citron vert chaud dans les jaunes d'œufs, puis ajoutez et 1 cuillerée à café de zeste de citron vert. Remuez jusqu'à obtenir une consistance homogène. 5. **Répartissez** la préparation sur le fond de tarte précuit. 6. **Placez** au réfrigérateur environ 3 heures jusqu'à ce que la garniture soit ferme. 7. **Fouettez** la crème fraîche dans un bol jusqu'à ce qu'elle forme des pics mous. Étalez-la sur la garniture, puis parsemez le tout du reste de zeste de citron vert. Servez aussitôt.

Voici une autre recette classique qui ne démérite jamais. Pour une tarte plus légère, ne couvrez pas la tarte de crème fouettée.

● Si vous avez aimé cette recette, essayez la tarte au citron p. 12.

tarte aux groseilles à maquereau

POUR 8 PARTS - PRÉPARATION : 15 MIN + 1 H POUR LA PÂTE - CUISSON : 25 À 35 MIN

PÂTE

1 pâte sablée cuite à blanc (voir p. 8-9)

GARNITURE

4 œufs • 150 de sucre en poudre • 1 cuill. à café d'extrait de vanille • 25 cl de crème fraîche liquide • 3 cuill. à soupe de fraîche épaisse • 750 g de groseilles à maquereau rincées • sucre glace

PÂTE 1. **Préparez** la pâte sablée et faites-la cuire à blanc en suivant le pas à pas des p. 8 et 9.

GARNITURE 1. **Préchauffez** le four à 180 °C (therm. 6). 2. **Fouettez** les œufs, le sucre, l'extrait de vanille, ainsi que les crèmes fraîches dans un saladier. 3. **Déposez** les groseilles à maquereau sur le fond de tarte précuit, puis étalez préparation crémeuse dessus. 4. **Enfournez** pour 25 à 35 minutes, jusqu'à ce que la garniture soit ferme au centre. 5. **Saupoudrez** de sucre glace et servez chaud ou tiède.

La saison des groseilles à maquereau est très courte, en juillet ; cette tarte n'en est que plus exceptionnelle.

• Si vous avez aimé cette recette, essayez la tarte à la rhubarbe p. 112.

tarte banoffee

POUR 8 PARTS - PRÉPARATION : 20 MIN + 1 H POUR LA PÂTE - CUISSON : 20 MIN - RÉFRIGÉRATION : 1 H 15

PÂTE

1 pâte sablée cuite à blanc
(voir p. 8-9)

GARNITURE

400 g de lait concentré sucré • 70 g de cassonade • 3 bananes • 25 cl de crème fraîche liquide • 2 cuill. à soupe de sucre glace

PÂTE **1. Préparez** la pâte sablée et faites-la cuire à blanc en suivant le pas à pas des p. 8 et 9.

GARNITURE **1. Mélangez** le lait concentré et la cassonade dans une casserole. Placez celle-ci sur feu moyen et faites chauffer environ 20 minutes, sans cesser de remuer, jusqu'à obtenir un caramel laitier épais. Retirez du feu, laissez refroidir un peu, puis placez au réfrigérateur environ 1 heure. **2. Versez** le caramel laitier froid sur le fond de tarte précuit. **3. Pelez** les bananes, coupez-les en rondelles, puis disposez joliment celles-ci sur le caramel. **4. Battez** la crème fraîche et le sucre glace en une chantilly épaisse. Étalez-la au centre de la tarte, en recouvrant la moitié des bananes. Servez aussitôt.

La tarte banoffee est un dessert anglais à base de bananes, de caramel laitier, et de crème. Son nom est une contraction de « bananas » et de « toffee ».

● Si vous avez aimé cette recette, essayez la tarte aux fruits p. 26.

tarte aux noix et au Grand Marnier

POUR 8 PARTS - PRÉPARATION : 40 MIN + 1 H POUR LA PÂTE - CUISSON : 45 À 50 MIN - RÉFRIGÉRATION : 1 H

PÂTE

1 pâte sablée au chocolat cuite à blanc (voir p. 8-9)

GARNITURE

1 orange pelée • 8 jaunes d'œufs • 15 cl de sirop d'étable • 200 g de cassonade • 1 pincée de sel • 125 g de beurre • 10 cl de crème fraîche liquide • 2 cuill. à café d'extrait de vanille • 3 cuill. à soupe de liqueur Grand Marnier • 200 g de cerneaux de noix grossièrement hachées • 100 g de chocolat noir haché • 200 g de crème fraîche épaisse • 2 cuill. à soupe de sucre en poudre

PÂTE **1. Préparez** la pâte sablée au chocolat et faites-la cuire à blanc en suivant le pas à pas des p. 8 et 9.

GARNITURE **1. Coupez** la chair de l'orange en petits cubes à l'aide d'un couteau bien aiguisé. Réservez-en 125 g. **2. Fouettez** les jaunes d'œufs dans un saladier. **3. Mélangez** le sirop d'érable, la cassonade, le sel et les cubes d'orange dans une casserole. Faites chauffer de 5 à 7 minutes sur feu moyen jusqu'à ce que le sucre soit dissous. **4. Ajoutez** le beurre, la crème liquide et les cubes d'orange réservés, puis laissez chauffer jusqu'à ce que le beurre soit tout juste fondu. Retirez la casserole du feu et incorporez 1 cuillerée à café d'extrait de vanille et 2 cuillerées à soupe de Grand Marnier. **5. Versez** le tiers de cette crème parfumée dans les œufs battus, puis fouettez le mélange. Ajoutez le reste de crème et fouettez jusqu'à obtenir une consistance homogène. **6. Disposez** les noix sur le fond de tarte précuit, puis parsemez-les de chocolat haché et étalez la préparation à l'orange dessus. **7. Enfournez** pour 35 à 40 minutes, jusqu'à ce que la garniture soit prise. **8. Laissez** refroidir environ 1 heure à température ambiante. **9. Battez** la crème épaisse et le sucre jusqu'à obtenir une chantilly ferme. **10. Étalez-en** la moitié sur la tarte. Incorporez le reste de Grand Marnier et d'extrait de vanille dans le reste de crème Chantilly, puis étalez-la sur la précédente couche. Mélangez un peu avec une cuillère pour créer un fini marbré. Servez aussitôt.

• Si vous avez aimé cette recette, essayez la tarte aux pignons p. 30.

tarte au chocolat blanc et au citron vert

POUR 8 PARTS - PRÉPARATION : 10 MIN + 1 H POUR LA PÂTE - CUISSON : 5 MIN - RÉFRIGÉRATION : AU MOINS 2 H

PÂTE

1 pâte sablée au chocolat cuite à blanc (voir p. 8-9)

GARNITURE

60 cl de crème fraîche liquide • 350 g de chocolat blanc grossièrement haché • 4 citrons verts pelés et coupés en tranches très fines

PÂTE **1. Préparez** la pâte sablée au chocolat et faites-la cuire à blanc en suivant le pas à pas des p. 8 et 9.

GARNITURE **1. Portez** la crème fraîche à ébullition dans une casserole. Mettez le chocolat blanc dans un saladier, puis versez la crème chaude dessus. Remuez jusqu'à ce que le chocolat soit fondu et que le mélange soit homogène. Couvrez d'un film alimentaire et placez au frais au moins 2 heures. **2. Sortez** la ganache du réfrigérateur, puis étalez-la sur le fond de tarte précuit. Disposez joliment les tranches de citron vert. **3. Placez** de nouveau au réfrigérateur jusqu'au moment de servir.

• Si vous avez aimé cette recette, essayez la tarte à la ricotta et aux zestes d'orange p. 24.

tarte aux poires et à la frangipane

POUR 8 PARTS - PRÉPARATION : 30 MIN + 1 H POUR LA PÂTE - CUISSON : 35 À 40 MIN

PÂTE

1 pâte sablée cuite à blanc (voir p. 8-9)

GARNITURE

90 g de beurre ramolli • 100 g de cassonade • 1/2 cuill. à café d'extrait d'amande • 2 œufs • 100 g d'amandes en poudre • 2 cuill. à soupe de fécule de maïs • 4 ou 5 cuill. à soupe de confiture de prune • 3 poires mûres fermes • 2 cuill. à soupe de gelée de coing • 1 cuill. à café de jus de citron

PÂTE **1. Préparez** la pâte sablée et faites-la cuire à blanc en suivant le pas à pas des p. 8 et 9.

GARNITURE **1. Préchauffez** le four à 180 °C (therm. 6). **2. Fouettez** le beurre, la cassonade et l'extrait d'amande dans un saladier, au batteur électrique à vitesse moyenne, jusqu'à obtenir une consistance lisse et crémeuse. Ajoutez les œufs, un à un, tout en continuant de battre. Incorporez les amandes en poudre et la fécule de maïs. **3. Étalez** la confiture sur le fond de tarte précuit, puis répartissez la frangipane. Lissez la surface à l'aide d'une spatule. **4. Pelez** les poires, coupez-les en deux, épépinez-les, puis coupez la chair en fines lamelles. Disposez celles-ci en éventail sur la frangipane. **5. Enfournez** pour 35 à 40 minutes, jusqu'à ce que la garniture soit ferme et dorée. **6. Faites chauffer** la gelée de coing et le jus de citron 1 ou 2 minutes dans une petite casserole sur un feu doux, puis étalez le mélange sur la tarte. Servez chaud.

Selon la saison, choisissez des fruits différents comme des pêches à chair ferme ou des nectarines, et procédez de la même manière qu'avec les poires.

• Si vous avez aimé cette recette, essayez la tarte aux poires et aux amandes p. 18.

PÂTE
1 pâte sablée cuite à blanc
(voir p. 8-9)

GARNITURE
100 g de sucre en poudre • 90 g de beurre ramolli • 50 g de farine • 150 g d'amandes en poudre • 2 œufs • 1 cuill. à café d'extrait de vanille • 150 g de framboises

POUR 8 PARTS - PRÉPARATION : 10 MIN + 1 H DE POUR LA PÂTE - CUISSON : 35 À 40 MIN - REPOS : 30 MIN

tarte aux **framboises** et à la **frangipane**

PÂTE 1. **Préparez** la pâte sablée et faites-la cuire à blanc en suivant le pas à pas des p. 8 et 9.

GARNITURE 1. **Préchauffez** le four à 170 °C (therm. 5-6). 2. **Mélangez** le sucre, le beurre, la farine, les amandes en poudre, les œufs et l'extrait de vanille pendant 2 minutes, dans le bol d'un robot à vitesse moyenne, jusqu'à obtenir une pâte lisse. 3. **Versez** la frangipane sur le fond de tarte précuit et lissez avec une spatule. Disposez joliment les framboises en les enfonçant légèrement dans la frangipane. 4. **Enfournez** pour 35 à 40 minutes, jusqu'à ce que la frangipane soit bien dorée. 5. **Laissez** refroidir à température ambiante avant de servir.

Si vous avez aimé cette recette, essayez la tarte aux poires et à la frangipane p. 70.

tarte à la mousse au chocolat

POUR 8 PARTS - PRÉPARATION : 50 MIN + 1 H POUR LA PÂTE - RÉFRIGÉRATION : 5 H

PÂTE

Pâte sablée au chocolat cuite à blanc (voir p. 8-9)

GARNITURE

500 g de chocolat noir • 12,5 cl de lait • 6 œufs blancs et jaunes séparés • 90 g de sucre glace • 20 cl de crème fraîche liquide • 2 cuill. à soupe de sucre en poudre • 200 g de crème fraîche épaisse • 2 cuill. à soupe de cacao amer en poudre • 2 cuill. à soupe de sucre glace • 1 cuill. à café d'amaretto (liqueur d'amande)

PÂTE **1. Préparez** la pâte sablée au chocolat et faites-la cuire à blanc en suivant le pas à pas des p. 8 et 9.

GARNITURE **1. Mettez** le chocolat et le lait dans un bol au bain-marie et laissez fondre doucement. **2. Battez** les jaunes d'œufs et 75 g de sucre glace dans un saladier au bain-marie jusqu'à obtenir une consistance homogène. Incorporez le chocolat fondu, puis laissez chauffer au bain-marie frémissant sans cesser de remuer, jusqu'à ce que le mélange nappe la cuillère ou qu'un thermomètre à lecture instantanée indique 71 °C. Plongez le saladier dans un bain-marie glacé et remuez jusqu'à ce que le mélange ait refroidi. **3. Fouettez** la crème liquide au batteur électrique à grande vitesse jusqu'à obtenir une consistance ferme. Incorporez-la au mélange

chocolaté. **4. Fouettez** les blancs d'œufs et le sucre au batteur électrique à vitesse moyenne jusqu'à obtenir une neige ferme. Incorporez-le à la préparation au chocolat. Placez au frais pour 4 heures. **5. Sortez** la mousse du réfrigérateur, puis étalez-la sur le fond de tarte précuit. Placez à nouveau au frais pour au moins 1 heure jusqu'à ce que la mousse soit bien prise. **6. Battez** la crème épaisse, le cacao amer, le reste de sucre glace et l'amaretto au batteur électrique à grande vitesse jusqu'à obtenir une chantilly ferme. **7. Garnissez-en** une poche munie d'une douille cannelée de 2 cm, puis décorez le dessus de la tarte de dômes de chantilly au chocolat. Servez aussitôt.

Si vous avez aimé cette recette, essayez la tarte à la mousse de fraises p. 20.

PÂTE
1 pâte sablée au chocolat
cuite à blanc (voir p. 8-9)

GARNITURE
400 g de chocolat noir grossièrement haché
• 180 g de beurre coupé en cubes • 2 cuill. à soupe de rhum brun • 2 œufs + 2 jaunes d'œufs • 2 cuill. à soupe de sucre en poudre • 1 cuill. à soupe de cacao amer en poudre • 1 cuill. à soupe de sucre glace

POUR 8 PARTS - PRÉPARATION : 25 MIN + 1 H POUR LA PÂTE - CUISSON : 10 MIN - REPOS : 15 MIN

tarte au chocolat et au rhum

PÂTE 1. **Préparez** la pâte sablée au chocolat et faites-la cuire à blanc en suivant le pas à pas des p. 8 et 9.

GARNITURE 1. **Préchauffez** le four à 180 °C (therm. 6). 2. **Mettez** le chocolat et le beurre dans un bol au bain-marie. Laissez fondre jusqu'à obtenir une consistance lisse. Versez le rhum, mélangez et laissez refroidir. 3. **Fouettez** les œufs, les jaunes et le sucre, dans un bol, au batteur électrique à vitesse maximale, jusqu'à ce que le mélange soit pâle et crémeux. Incorporez-le petit à petit au chocolat fondu sans trop mélanger. 4. **Étalez** la garniture sur le fond de tarte précuit. 5. **Enfournez** pour 10 minutes, jusqu'à ce que les bords commencent à lever. 6. **Sortez** la tarte du four et laissez-la refroidir un peu. 6. **Tamisez** le cacao et le sucre glace dans un petit bol, puis saupoudrez la tarte du mélange. Servez tiède ou froid.

Pour un résultat exquis, choisissez un chocolat d'excellente qualité !

Si vous avez aimé cette recette, essayez la tarte meringuée au chocolat p. 78.

PÂTE
1 pâte sablée au chocolat
cuite à blanc (voir p. 8-9)

GARNITURE
200 g de chocolat noir haché • 10 cl de crème fraîche liquide • 1 cuill. à café d'extrait de vanille • 90 g de beurre ramolli • 250 g de sucre en poudre • 4 œufs blancs et jaunes séparés + 1 jaune d'œuf • 100 g d'amandes en poudre

POUR 8 PARTS - PRÉPARATION : 40 MIN + 1 H POUR LA PÂTE - CUISSON : 25 À 30 MIN

tarte **meringuée** au **chocolat**

PÂTE **1. Préparez** la pâte sablée au chocolat et faites-la cuire à blanc en suivant le pas à pas des p. 8 et 9.

GARNITURE **1. Préchauffez** le four à 180 °C (therm. 6). **2. Mettez** le chocolat, la crème fraîche et l'extrait de vanille dans un saladier au bain-marie. Laissez fondre en remuant jusqu'à obtenir une consistance lisse. Laissez refroidir. **3. Fouettez** le beurre et 100 g de sucre, dans un saladier, au batteur électrique à vitesse maximale, jusqu'à ce que le mélange soit pâle et crémeux. Ajoutez les jaunes d'œufs et le chocolat fondu, toujours en battant. Incorporez les amandes en poudre. **4. Versez** la préparation sur le fond de tarte précuit. **5. Enfournez** pour 10 minutes. **6. Fouettez** les blancs d'œufs, dans un bol, au batteur électrique à vitesse moyenne, jusqu'à obtenir une neige mousseuse. Ajoutez le reste de sucre en pluie fine tout en fouettant jusqu'à ce que les blancs en neige forment de pics brillants.

7. Étalez la meringue sur la garniture au chocolat. **8. Enfournez** pour 15 à 20 minutes, jusqu'à ce que la meringue soit dorée. Servez chaud ou à température ambiante.

Cette tarte fera son effet pour les anniversaires, les fêtes et autres occasions spéciales.

Si vous avez aimé cette recette, essayez la tarte meringuée aux groseilles p. 118.

tarte glacée au chocolat et aux noix de macadamia

POUR 8 PARTS - PRÉPARATION : 40 MIN - CONGÉLATION : 4 À 6 H

PÂTE

300 g de biscuits écrasés • 180 g de beurre salé fondu

GARNITURE

300 g de chocolat noir grossièrement haché • 375 g de fromage frais ramolli • 150 g de sucre en poudre • 2 cuill. à café d'extrait de vanille • 120 g de noix de macadamia grossièrement hachées • 60 cl de crème fraîche liquide

PÂTE **1. Beurrez** légèrement un moule à tarte de 28 cm de diamètre à fond amovible. **2. Mélangez** les biscuits écrasés et le beurre fondu dans un bol. **3. Étalez** la préparation dans le moule en la pressant fermement dans le fond et sur les côtés.

GARNITURE **1. Mettez** le chocolat dans un saladier au bain-marie et laissez-le fondre doucement. Retirez le saladier du bain-marie et laissez refroidir un peu. **2. Ajoutez** le fromage frais, le sucre et l'extrait de vanille, puis fouettez le tout au batteur électrique à vitesse moyenne jusqu'à obtenir une consistance lisse. Incorporez les noix de macadamia. **3. Fouettez** la crème fraîche, dans un bol, au batteur électrique à vitesse moyenne jusqu'à ce qu'elle ait épaissi. Incorporez-en le quart au mélange chocolaté, puis mélangez le reste. **4. Versez** la garniture sur le fond de tarte. Couvrez d'une feuille d'aluminium et placez au congélateur de 4 à 6 heures. **5. Sortez** la tarte, démoulez-la et laissez-la reposer 5 minutes à température ambiante avant de la servir.

Les amateurs de chocolat adoreront cette tarte riche et crémeuse. Servez-la avec des fruits et de la crème fouettée.

• Si vous avez aimé cette recette, essayez la tarte à la crème, au chocolat et aux amandes p. 122.

PÂTE

300 g de biscuits au chocolat réduits en miettes • 1 ½ cuill. à soupe de café instantané • 100 g de sucre en poudre • 125 g de beurre fondu

GARNITURE

250 g de chocolat noir grossièrement haché • 1 cuill. à soupe de granules de café instantané • 1 cuill. à soupe de gélatine en poudre • 6 œufs blancs et jaunes séparés • 150 g de sucre en poudre • 25 cl de crème fraîche liquide • chocolat au lait râpé en copeaux

POUR 8 PARTS - PRÉPARATION : 1 H - CUISSON : 10 MIN - RÉFRIGÉRATION : 7 H

tarte au moka et aux copeaux de chocolat

PÂTE **1. Préchauffez** le four à 180 °C (therm. 6). Beurrez un moule à tarte de 28 cm de diamètre. **2. Mélangez** les miettes de biscuits, le café et le sucre dans un saladier. Ajoutez le beurre et mélangez bien. **3. Étalez** la préparation dans le moule en la pressant fermement. **4. Enfournez** pour 10 minutes, puis laissez refroidir sur une grille.

GARNITURE **1. Mettez** le chocolat dans un saladier au bain-marie et laissez fondre doucement. Retirez le saladier du bain-marie, ajoutez les granules de café et laissez refroidir un peu. **2. Saupoudrez** la gélatine dans 12,5 cl d'eau froide. **3. Mélangez** les jaunes d'œufs et la moitié du sucre dans un saladier placé bain-marie à l'aide d'une cuillère en bois jusqu'à ce que le mélange nappe la cuillère. **4. Incorporez** la gélatine dissoute. **5. Retirez** le saladier du bain-marie et incorporez le chocolat fondu. Laissez refroidir à température ambiante, puis placez au réfrigérateur pour 1 heure. **6. Battez** la crème fraîche et 2 cuillerées à soupe de sucre jusqu'à obtenir une chantilly ferme. Incorporez-la au mélange au chocolat. **7. Fouettez** les blancs d'œufs et le reste du sucre au batteur électrique à vitesse moyenne jusqu'à obtenir une neige ferme. Incorporez-la délicatement au mélange chocolaté. **8. Versez** la garniture sur le fond de tarte et placez au frais pour 6 heures. **9. Sortez** la tarte du réfrigérateur, puis parsemez-la de copeaux de chocolat au lait.

Le mot « moka » est le nom d'une ville portuaire du Yémen qui fournissait autrefois du café de choix partout dans le monde. Aujourd'hui, il désigne aussi les préparations parfumées au chocolat et au café.

• Si vous avez aimé cette recette, essayez la tarte à la mousse au chocolat p. 74.

tarte au chocolat et aux framboises

POUR 8 PARTS - PRÉPARATION : 30 MIN - CUISSON : 10 MIN - RÉFRIGÉRATION : 3 H

PÂTE

300 g de biscuits à la vanille réduits en miettes • 150 g d'amandes en poudre • 25 cl de beurre fondu

GARNITURE

6 jaunes d'œufs • 150 g de sucre en poudre • 50 g de farine • 60 cl de lait • 200 g de chocolat noir râpé • 300 g de framboises • 60 g de confiture d'abricot

PÂTE 1. **Mélangez** les miettes de biscuits, les amandes en poudre et le beurre fondu dans un grand bol. 2. **Étalez** la préparation dans un moule à tarte de 28 cm de diamètre à fond amovible en la pressant fermement sur les parois. 3. **Placez** au réfrigérateur pour 1 heure.

GARNITURE 1. **Battez** les jaunes d'œufs et 50 g de sucre, dans un saladier, au batteur électrique à vitesse maximale, jusqu'à ce que le mélange soit pâle et crémeux. Baissez la vitesse du batteur et incorporez la farine. 2. **Portez** le reste de sucre et le lait à ébullition dans une casserole sur feu moyen. 3. **Versez** le lait chaud en filet dans les œufs tout en remuant. Transvasez le mélange dans la casserole et laissez chauffer à feu doux 2 minutes. 4. **Mettez** le chocolat dans un bol et versez le mélange aux œufs. Remuez jusqu'à ce que le chocolat soit fondu. Couvrez et laissez refroidir. 5. **Versez** la crème au chocolat sur le fond de pâte et placez au frais pour 2 heures. 6. **Sortez** la tarte du réfrigérateur, puis disposez joliment les framboises sur la garniture. 7. **Faites chauffer** la confiture d'abricot dans une casserole jusqu'à ce qu'elle soit liquide. Badigeonnez-en les framboises. Servez aussitôt.

Les framboises et le chocolat sont une combinaison particulièrement délicieuse. Dans cette tarte, les fruits rouges allègent et rafraîchissent la saveur profonde de la garniture au chocolat.

• Si vous avez aimé cette recette, essayez la tarte au chocolat p. 34.

PÂTE

250 g de farine
• 150 g de sucre en poudre
• 50 g de cacao amer en poudre • 150 g d'amandes en poudre
• 250 g de beurre salé • 2 jaunes d'œufs • 1 cuill. à café d'extrait de vanille

GARNITURE

180 g d'abricots séchés hachés • 10 cl de jus d'orange
• 4 cuill. à soupe de liqueur d'abricot • 500 g de confiture d'abricot

Linzertorte au cacao et aux abricots

POUR 8 PARTS - PRÉPARATION : 40 MIN - REPOS : 20 MIN - CUISSON : 1 H 05 À 1 H 10

PÂTE **1. Préchauffez** le four à 180 °C (therm. 6). **2. Mélangez** la farine, le sucre, le cacao amer et les amandes en poudre dans le bol d'un robot. **3. Ajoutez** le beurre et continuez de mélanger jusqu'à obtenir une consistance friable. **4. Ajoutez** les jaunes d'œufs et l'extrait de vanille, puis travaillez la pâte jusqu'à ce qu'elle s'agglomère. **5. Réserez** un tiers de la pâte, enveloppez-le de film alimentaire et placez-le au réfrigérateur. **6. Garnissez** un moule à tarte de 28 cm de diamètre à fond amovible du reste de pâte en pressant bien le fond et les côtés du moule. **7. Enfournez** pour 15 minutes. Sortez le fond de tarte du four et laissez refroidir sur une grille.

GARNITURE **1. Faites** chauffer les abricots secs et le jus d'orange dans une petite casserole sur feu moyen. Portez à ébullition et laissez mijoter à feu très doux pendant 10 minutes. **2. Retirez** la casserole du feu, puis incorporez la liqueur d'abricot et 400 g de confiture. Mélangez jusqu'à obtenir une consistance lisse, puis laissez refroidir et épaissir légèrement. Étalez la préparation sur le fond de tarte. **3. Sortez** le pâton du réfrigérateur et retirez le film alimentaire. Étalez-le jusqu'à ce qu'il atteigne environ 5 mm d'épaisseur. Coupez la pâte en lanières de 1 cm d'épaisseur, puis disposez celles-ci pour former un treillis sur la garniture (voir le pas à pas p. 11). **4. Enfournez** pour 30 à 35 minutes, jusqu'à ce que la garniture bouillonne. **5. Sortez** la tarte du four et laissez-la refroidir sur une grille. Retirez soigneusement le moule. **6. Portez** le reste de la confiture d'abricot à ébullition dans une petite casserole sur feu doux. À l'aide d'un pinceau à pâtisserie, badigeonnez uniformément le dessus de la tarte de la confiture. Servez chaud ou à température ambiante.

Cette tarte réputée vient de la ville de Linz, en Autriche. Pour varier, omettez les abricots secs et remplacez la confiture d'abricot par de la confiture de framboise.

• Si vous avez aimé cette recette, essayez la tarte napolitaine p. 124.

tarte rustique aux fruits rouges

POUR 8 PARTS - PRÉPARATION : 30 MIN - RÉFRIGÉRATION : 30 MIN - CUISSON : 25 À 35 MIN

PÂTE

300 g de farine
• 3 cuill. à soupe de sucre en poudre
• 180 g de beurre salé coupé en cubes
• 3 cuill. à soupe d'eau glacée

GARNITURE

200 g de groseilles • 300 g de mûres ou de myrtilles • 4 grosses prunes rouges (environ 300 g) dénoyautées et coupées en quartiers • 100 g de sucre en poudre • 1 cuill. à soupe de fécule de maïs • 1 œuf, jaune et blanc séparés • 1 cuill. à soupe d'amandes en poudre • 1 cuill. à soupe de lait • 2 cuill. à soupe de cassonade

PÂTE 1. **Mélangez** la farine et le sucre dans un saladier. Incorporez le beurre à l'aide d'une spatule jusqu'à ce que le mélange ressemble à une chapelure grossière. 2. **Versez** l'eau glacée, puis travaillez la pâte pour former une pâte lisse. Pétrissez-la légèrement. Si la pâte reste friable, ajoutez un peu d'eau ; si elle est collante, ajoutez un peu de farine. Façonnez-en une boule et enveloppez-la de film alimentaire. Placez au réfrigérateur pour 30 minutes.

GARNITURE 1. **Mélangez** les fruits, le sucre et la fécule de maïs dans un saladier. 2. **Préchauffez** le four à 200 °C (therm. 6-7). Beurrez légèrement un moule à tarte de 28 cm de diamètre. 3. **Sortez** la pâte du réfrigérateur et abaissez-la en un disque de 50 cm de diamètre et 5 mm d'épaisseur. 4. **Enroulez** l'abaisse sans serrer autour du rouleau à pâtisserie et déposez-la dans le moule à tarte, en laissant l'excédent déborder. Badigeonnez la pâte de blanc d'œuf et parsemez-la d'amandes en poudre. 5. **Répartissez** le mélange de fruits sur le fond de tarte. Rabattez les bords sur la garniture pour la recouvrir partiellement. Pincez les plis pour sceller la pâte. 6. **Fouettez** le jaune d'œuf et le lait dans un petit bol, puis badigeonnez-en la pâte. Saupoudrez le tout de cassonade. 7. **Enfournez** pour 25 à 35 minutes, jusqu'à ce que la pâte soit bien dorée et que le jus des fruits bouillonne. Servez chaud.

Cette généreuse tarte aux fruits est délicieuse servie avec de la crème fraîche ou de la crème pâtissière.

• Si vous avez aimé cette recette, essayez la tarte rustique aux abricots p. 114.

PÂTE
1 pâte brisée (voir p. 10-11)

GARNITURE
450 g de mûres • 1 cuill. à café de cannelle en poudre • lait • 2 cuill à soupe de cassonade • 4 jaunes d'œufs • 150 g de sucre en poudre • 37,5 cl de crème fraîche liquide

POUR 8 PARTS - PRÉPARATION : 20 MIN + 2 H POUR LA PÂTE - CUISSON : 40 À 45 MIN

tourte à la **crème** et aux **mûres**

PÂTE **1. Préparez** la pâte brisée en deux portions égales. Garnissez un moule à tarte de 28 cm de diamètre de l'une des portions de pâte abaissée en un disque de 30 cm de diamètre, en suivant le pas à pas des p. 10 et 11.

GARNITURE **1. Préchauffez** le four à 200 °C (therm. 6-7). **2. Mélangez** les mûres et la cannelle dans un bol. **3. Versez** les fruits sur le fond de tarte. **4. Abaissez** l'autre portion de pâte en un disque d'environ 28 cm de diamètre. Placez celui-ci sur la garniture en rabattant l'excédent de pâte sous les bords de l'abaisse du fond. Froncez les bords ou cannelez-les. Faites un trou au centre du couvercle de pâte à l'aide d'un couteau. Badigeonnez la pâte de lait et saupoudrez-la de cassonade. **5. Enfournez** pour 30 minutes. **6. Battez** les jaunes d'œufs et le sucre, dans un bol, au batteur électrique à vitesse maximale, jusqu'à ce que le mélange soit pâle et crémeux. **7. Faites chauffer** la crème fraîche dans une petite casserole sur feu moyen jusqu'à ce qu'elle soit presque bouillante. Versez-la sur les œufs, puis battez pour bien mélanger. **8. Retirez** la tourte du four et versez la crème avec précaution par le trou fait dans le couvercle de pâte. Réservez un peu de la crème pour le service. **9. Enfournez** à nouveau pour 5 à 10 minutes, jusqu'à ce que la pâte soit bien dorée. Servez chaud.

Servez cette tarte originale bien chaude au cours des froides soirées d'hiver.

● Si vous avez aimé cette recette, essayez la tourte aux pommes et aux myrtilles p. 110.

tourte aux myrtilles

POUR 8 PARTS - PRÉPARATION : 15 MIN + 2 H DE POUR LA PÂTE - CUISSON : 30 À 40 MIN

PÂTE
1 pâte brisée (voir p. 10-11)

GARNITURE
600 g de myrtilles • 2 cuill. à café de zeste de citron finement râpé • 75 g de sucre en poudre • 30 g d'amandes en poudre • lait • cassonade

PÂTE **1. Préparez** la pâte brisée en deux portions égales. Garnissez un moule à tarte de 28 cm de diamètre de l'une des portions de pâte abaissée en un disque de 30 cm de diamètre, en suivant le pas à pas des p. 10 et 11.

GARNITURE **1. Préchauffez** le four à 200 °C (therm. 6-7). **2. Mélangez** les myrtilles, le zeste de citron ainsi que le sucre et les amandes en poudre dans un saladier. **3. Versez** la préparation sur le fond de tarte. **4. Abaissez** l'autre portion de pâte en un disque d'environ 28 cm de diamètre. Placez celui-ci sur la garniture en rabattant l'excédent de pâte sous les bords de l'abaisse du fond. Froncez les bords ou cannelez-les. Faites un trou au centre du couvercle de pâte à l'aide d'un couteau. Badigeonnez le tout de lait et saupoudrez de cassonade. **5. Enfournez** pour 30 à 40 minutes, jusqu'à ce que la tourte soit bien dorée. Servez chaud.

Cette recette se décline délicieusement en remplaçant les myrtilles par des mûres.

• Si vous avez aimé cette recette, essayez la tourte à la crème et aux mûres p. 90.

tarte à la **crème** de **noisette**

POUR 8 PARTS - PRÉPARATION : 35 MIN - RÉFRIGÉRATION : 30 MIN - CUISSON : 40 À 45 MIN

PÂTE

200 g de beurre salé ramolli • 100 g de sucre en poudre • 2 œufs • 300 g de farine • 2 cuill. à café de levure chimique • 1/2 cuill. à café de cannelle en poudre • 25 cl de yaourt nature • le zeste finement râpé de 1 citron

GARNITURE

375 g de Nutella® • 3 cuill. à soupe de farine • 30 g de beurre • 4 cuill. à soupe de sucre en poudre • 150 g de noisettes grillées et grossièrement hachées • 12,5 cl de crème fraîche liquide

PÂTE 1. **Préchauffez** le four à 180 °C (therm. 6). Beurrez et farinez un moule à tarte de 25 cm de diamètre. 2. **Battez** le beurre et le sucre dans un saladier, au batteur électrique à vitesse élevée, jusqu'à ce que le mélange soit pâle et crémeux. Ajoutez les œufs, un à un, en battant à vitesse moyenne, sans trop mélanger. 3. **Incorporez** la farine, la levure et la cannelle. Réservez 2 cuillerées à soupe de yaourt, puis incorporez le reste, ainsi que le zeste de citron jusqu'à obtenir une consistance lisse. Enveloppez la pâte de film alimentaire et placez-la au frais pour 30 minutes. 4. **Sortez** la pâte du réfrigérateur, divisez-la en deux et abaissez chaque pâton en un disque d'environ 30 cm de diamètre. 5. **Garnissez** le moule à tarte d'un disque de pâte.

GARNITURE 1. **Étalez** la pâte à tartiner sur le fond de tarte. Recouvrez de l'autre disque et appuyez sur les bords pour les souder. Rognez l'excédent de pâte. 2. **Mettez** la farine, le beurre, le sucre et les noisettes hachées dans un bol, puis mélangez jusqu'à obtenir une chapelure grossière. Parsemez-en la tarte. 3. **Enfournez** pour 40 à 45 minutes, jusqu'à ce que la tarte soit dorée. 4. **Fouettez** la crème fraîche avec le reste du yaourt. Servez la tarte chaude accompagnée de crème fouettée.

Assurez-vous que les noisettes sont bien grillées et grossièrement hachées ; leur texture croquante se mariera à merveille avec la pâte à tartiner crémeuse.

• Si vous avez aimé cette recette, essayez la tourte italienne de grand-mère p. 120.

tourte aux pommes et aux fraises

POUR 8 PARTS - PRÉPARATION : 25 MIN + 2 H DE POUR LA PÂTE - CUISSON : 45 À 55 MIN

PÂTE

1 pâte brisée (voir p. 10-11)

GARNITURE

750 g de pommes acidulées pelées, épépinées et finement émincées • 450 g de fraises coupées en deux • 100 g de cassonade + pour saupoudrer • 1 cuill. à soupe de fécule de maïs • 1 cuill. à café de zeste d'orange finement râpé • 1 cuill. à café de cannelle en poudre • lait

PÂTE **1. Préparez** la pâte brisée en deux portions égales. Garnissez un moule à tarte de 28 cm de diamètre de l'une des portions de pâte abaissée en un disque de 30 cm de diamètre, en suivant le pas à pas des p. 10 et 11.

GARNITURE **1. Préchauffez** le four à 200 °C (therm. 6-7). **2. Mettez** les lamelles de pomme dans une grande casserole, versez 2 ou 3 cuillerées à soupe d'eau et faites cuire 5 minutes à feu moyen. Ajoutez les fraises, la cassonade, la fécule de maïs, le zeste d'orange et la cannelle, puis laissez compoter environ 10 minutes jusqu'à ce que les pommes commencent à ramollir. **3. Étalez** la préparation sur le fond de tarte. **4. Abaissez** l'autre portion de pâte en un disque de 28 cm de diamètre. Placez celui-ci sur la garniture en rabattant l'excédent de pâte sous les bords de l'abaisse du fond. Faites un trou au centre du couvercle de pâte. Badigeonnez le tout de lait et saupoudrez de cassonade. **5. Enfournez** pour 30 à 40 minutes. Servez chaud.

• Si vous avez aimé cette recette, essayez l'apple pie p. 106.

tourte aux pêches

POUR 8 PARTS - PRÉPARATION : 30 MIN + 2 H POUR LA PÂTE - CUISSON : 30 À 40 MIN

PÂTE

1 pâte brisée (voir p. 10-11)

GARNITURE

2 cuill. à soupe de farine • 100 g de sucre en poudre • 2 cuill. à soupe d'amandes en poudre • 1 cuill. à café de cannelle en poudre • 1 kg de pêches pelées, dénoyautées et coupées en morceaux • 1 cuill. à soupe de jus de citron • 10 g de beurre en cubes • 1 œuf légèrement battu • cassonade

PÂTE **1. Préparez** la pâte brisée en deux portions égales. Garnissez un moule à tarte de 28 cm de diamètre de l'une des portions de pâte abaissée en un disque de 30 cm de diamètre, en suivant le pas à pas des p. 10 et 11.

GARNITURE **1. Préchauffez** le four à 200 °C (therm. 6-7). **2. Mélangez** la farine, le sucre, les amandes en poudre et la cannelle dans un saladier. Ajoutez les morceaux de pêche et le jus de citron, puis mélangez pour bien enrober les fruits. **3. Étalez** la préparation sur le fond de tarte et parsemez-la de beurre. **4. Abaissez** l'autre portion de pâte en un disque d'environ 28 cm de diamètre. Placez celui-ci sur la garniture en rabattant l'excédent de pâte sous les bords de l'abaisse du fond. Froncez les bords ou cannelez-les. Faites un trou au centre du couvercle de pâte. Badigeonnez la pâte d'œuf battu et saupoudrez-la de cassonade. **5. Enfournez** pour 30 à 40 minutes, jusqu'à ce que la tourte soit bien dorée. Servez chaud accompagné d'une cuillerée à soupe de crème fraîche.

Cette recette fonctionne aussi très bien avec des pêches au sirop égouttées.

● Si vous avez aimé cette recette, essayez la tarte à la rhubarbe p. 112.

PÂTE
1 pâte brisée (voir p. 10-11)

GARNITURE
300 g de myrtilles • 300 g de mûres • 300 g de framboises • 100 g de sucre en poudre • 3 cuill. à soupe de farine • 1 cuill. à café de cannelle en poudre • 1/2 cuill. à café de muscade en poudre • 2 cuill. à café de zeste de citron finement râpé • 1 œuf légèrement battu • cassonade

POUR 8 PARTS - PRÉPARATION : 20 MIN + 2 H POUR LA PÂTE - CUISSON : 30 À 40 MIN

tourte aux **fruits rouges**

PÂTE **1. Préparez** la pâte brisée en deux portions égales. Garnissez un moule à tarte de 28 cm de diamètre de l'une des portions de pâte abaissée en un disque de 30 cm de diamètre, en suivant le pas à pas des p. 10 et 11.

GARNITURE **1. Préchauffez** le four à 200 °C (therm. 6-7). **2. Mélangez** les myrtilles, les mûres, les framboises, le sucre, la farine, la cannelle, la muscade et le zeste de citron dans un saladier. **3. Versez** la préparation sur le fond de tarte. **4. Abaissez** l'autre portion de pâte en un disque d'environ 28 cm de diamètre. Placez celui-ci sur la garniture en rabattant l'excédent de pâte sous les bords de l'abaisse du fond. Froncez les bords ou cannelez-les. Rassemblez les chutes, abaissez-les de nouveau et découpez-les en formes décoratives. Humidifiez celles-ci, puis collez-les sur le couvercle de pâte. Faites quelques incisions dans le couvercle, badigeonnez-le d'œuf battu et saupoudrez-le de cassonade. **5. Enfournez** pour 30 à 40 minutes et servez chaud.

Vous pouvez utiliser n'importe quelle combinaison de fruits pour cette tarte, tant que la quantité totale reste la même.

Si vous avez aimé cette recette, essayez la tourte aux myrtilles p. 92.

tarte aux prunes

POUR 6 à 8 PARTS - PRÉPARATION : 30 MIN + 2 H POUR LA PÂTE - CUISSON : 30 À 40 MIN

PÂTE

1 pâte brisée (voir p. 10-11)

GARNITURE

4 cuill. à soupe de farine • 100 g de cassonade + pour saupoudrer • 1 cuill. à café de cannelle en poudre • 1 kg de prunes rouges pelées, dénoyautées et coupées en morceaux • 1 cuill. à soupe de jus de citron • 15 g de beurre coupé en cubes • 1 œuf légèrement battu

PÂTE **1. Préparez** la pâte brisée en deux portions égales. Garnissez un moule à tarte de 28 cm de diamètre de l'une des portions de pâte abaissée en un disque de 30 cm de diamètre, en suivant le pas à pas des p. 10 et 11.

GARNITURE **1. Préchauffez** le four à 200 °C (therm. 6-7). **2. Mélangez** la farine, la cassonade et la cannelle dans un saladier. Ajoutez les morceaux de prune et le jus de citron, puis remuez pour bien enrober les fruits. **3. Étalez** la préparation sur le fond de tarte, puis parsemez-la de beurre. **4. Abaissez** l'autre portion de pâte en un ovale de 28 cm x 30 cm, puis découpez-la en lanières de 2 cm d'épaisseur à l'aide d'une roulette à pizza. Disposez celles-ci en treillis sur le dessus de la garniture. Pressez les doigts sur les bords pour sceller les deux abaisses (voir étapes 6 à 10 p. 11). Rognez l'excédent de pâte. Badigeonnez le treillis d'œuf battu et saupoudrez le tout de cassonade. **5. Enfournez** pour 30 à 40 minutes, jusqu'à ce que la pâte soit bien dorée. Servez chaud.

• Si vous avez aimé cette recette, essayez la tarte à la ricotta et aux prunes p. 46.

tarte au potiron

POUR 8 PARTS - PRÉPARATION : 30 MIN + 2 H POUR LA PÂTE - CUISSON : 1 H 05 - REPOS : 15 MIN

PÂTE

1/2 pâte brisée (voir p. 10-11)

GARNITURE

500 g de chair de potiron coupée en morceaux • $1^1/_2$ cuill. à soupe de farine • 150 g de cassonade • 1 cuill. à café de cannelle en poudre • 1/4 cuill. à café de gingembre en poudre • 1/4 cuill. à café de muscade en poudre • 1 pincée de clou de girofle moulu • 4 œufs légèrement battus • 30 cl de crème fraîche liquide

PÂTE **1. Préparez** la pâte brisée en divisant les proportions par deux. Abaissez la pâte en un disque de 30 cm de diamètre, puis garnissez-en un moule à tarte de 28 cm de diamètre en suivant le pas à pas des p. 10 et 11.

GARNITURE **1. Préchauffez** le four à 150 °C (therm. 5). **2. Mettez** la chair de potiron dans une casserole d'eau bouillante et laissez cuire 10 minutes. Égouttez-la et réduisez-la en purée à l'aide d'un robot plongeant. Laissez refroidir. **3. Mélangez** la purée de potiron, la farine, la cassonade, la cannelle, le gingembre, la muscade et le clou de girofle, les œufs battus et la crème fraîche dans un saladier, en remuant avec une cuillère en bois. **4. Versez** la préparation sur le fond de tarte **5. Enfournez** pour 50 minutes, jusqu'à ce que la pâte soit dorée et que la garniture soit ferme. Servez chaud ou à température ambiante garni d'une cuillerée à soupe de crème fraîche fouettée ou de crème fraîche.

Ce grand classique anglo-saxon vous surprendra par sa douceur et son fondant qui conviennent parfaitement pour un dessert ou un goûter.

• Si vous avez aimé cette recette, essayez la tarte aux noix et au Grand Marnier p. 66.

apple pie

POUR 8 PARTS - PRÉPARATION : 30 MIN + 2 H POUR LA PÂTE - CUISSON : 35 À 45 MIN

PÂTE

1 pâte brisée (voir p. 10-11)

GARNITURE

1 kg de pommes • 150 g de sucre en poudre • 1 1/2 cuill. à soupe de jus d'orange ou de citron • 3 cuill. à soupe de farine • 1 cuill. à café de cannelle en poudre • 3 cuill. à soupe de lait • cassonade

PÂTE **1. Préparez** la pâte brisée en deux portions égales. Garnissez un moule à tarte de 28 cm de diamètre de l'une des portions de pâte abaissée en un disque de 30 cm de diamètre, en suivant le pas à pas des p. 10 et 11.

GARNITURE **1. Préchauffez** le four à 200 °C (therm. 6-7). **2. Pelez** les pommes, épépinez-les et coupez-les en morceaux. Mettez ceux-ci dans un saladier, puis ajoutez le sucre, le jus d'orange, la farine et la cannelle. Mélangez bien. **3. Versez** la préparation sur le fond de tarte. **4. Abaissez** l'autre portion de pâte en un disque de 28 cm de diamètre, puis disposez celui-ci sur la garniture, en pressant des doigts sur les bords pour sceller les deux abaisses. Rognez l'excédent de pâte. Percez deux trous au centre du couvercle, badigeonnez de lait et saupoudrez de cassonade. **5. Enfournez** pour 10 minutes. Baissez la température du four à 190 °C (therm. 6-7) et laissez cuire de 25 à 30 minutes, jusqu'à ce que la tourte soit dorée. Servez chaud ou à température ambiante.

Si vous avez aimé cette recette, essayez la tourte aux pommes et aux fraises p. 96.

PÂTE

375 g de farine • 150 g de sucre glace • 200 g de beurre salé coupé en cubes • 2 jaunes d'œufs • 2 cuill. à soupe d'eau glacée

GARNITURE

125 g de noix de coco râpée • 190 g de beurre fondu • 70 g de sucre en poudre • 3 cuill. à soupe de crème fraîche épaisse • 2 jaunes d'œufs • 1 cuill. à café d'extrait de vanille • 600 g de framboises • 1 cuill. à soupe de lait • sucre glace

POUR 8 PARTS - PRÉPARATION : 40 MIN - RÉFRIGÉRATION : 1 H - CUISSON : 35 À 40 MIN

tourte aux framboises et à la noix de coco

PÂTE **1. Mélangez** la farine, le sucre glace et le beurre dans le bol d'un robot jusqu'à ce obtenir une chapelure. Ajoutez les jaunes d'œufs et la moitié de l'eau glacée, puis mélangez par impulsions, en ajoutant un peu d'eau si nécessaire, jusqu'à ce que la pâte s'agglomère. **2. Façonnez** la pâte en un disque, enveloppez-la de film alimentaire et placez-la au frais pour 30 minutes. **3. Sortez** la pâte du réfrigérateur et divisez-la en deux portions. Abaissez chaque pâton en un disque de 5 mm d'épaisseur. **4. Garnissez** un moule à tarte de 25 cm de diamètre de l'une des abaisses, puis rognez les bords. Placez l'autre disque dans une assiette et mettez les deux abaisses à nouveau au frais pour 30 minutes. **5. Préchauffez** le four à 180 °C (therm. 6). **6. Tapissez** le fond de tarte d'une feuille d'aluminium, puis couvrez de billes de cuisson. **7. Enfournez** pour 15 minutes, jusqu'à ce que la pâte soit dorée. Retirez les billes de cuisson ainsi que la feuille d'aluminium et réservez.

GARNITURE **1. Mélangez** 90 g de noix de coco râpée, le beurre fondu, le sucre, la crème fraîche, 1 jaune d'œuf et l'extrait de vanille dans un saladier. Ajoutez les framboises et mélangez. **2. Versez** la préparation sur le fond de tarte précuit. **3. Sortez** l'autre disque de pâte du réfrigérateur, étalez-le un peu, puis disposez-le sur la garniture, en pressant les doigts sur les bords pour sceller les deux abaisses. Rognez l'excédent de pâte. Percez deux trous au centre du couvercle de pâte. **4. Mélangez** le 2e jaune d'œuf et le lait dans un petit bol , puis badigeonnez-en la pâte. Saupoudrez du reste de noix de coco râpée. **5. Enfournez** pour 20 à 25 minutes, jusqu'à ce que la tourte soit dorée. **6. Saupoudrez** de sucre glace et servez tiède ou à température ambiante.

Cette tarte a une belle pâte sucrée qui se marie à merveille avec la garniture de framboises légèrement acidulée. Si vous servez cette tarte tiède, garnissez chaque portion d'une boule de crème glacée à la vanille.

Si vous avez aimé cette recette, essayez la tarte aux framboises et à la crème pâtissière p. 16.

PÂTE
1 pâte brisée (voir p. 10-11)

GARNITURE
750 g de pommes acidulées • 300 g de myrtilles • 100 g de sucre en poudre • 2 cuill. à soupe de farine • 1 cuill. à café de cannelle en poudre • 2 cuill. à café de zeste de citron finement râpé • 10 g de beurre coupé en cubes • 1 jaune d'œuf • 1 cuill. à soupe de lait

POUR 6 À 8 PARTS - PRÉPARATION : 30 MIN + 2 H POUR LA PÂTE - CUISSON : 40 À 45 MIN

tourte aux **pommes** et aux **myrtilles**

PÂTE 1. **Préparez** la pâte brisée en deux portions égales. Garnissez un moule à tarte de 28 cm de diamètre de l'une des portions de pâte abaissée en un disque de 30 cm de diamètre, en suivant le pas à pas des p. 10 et 11.

GARNITURE 1. **Préchauffez** le four à 200 °C (therm. 6-7). 2. **Pelez** les pommes, épépinez-les et coupez-les en morceaux. Mettez-les dans un saladier avec les myrtilles, le sucre, la farine, la cannelle et le zeste de citron, puis mélangez pour bien enrober les fruits. 3. **Versez** la préparation sur le fond de tarte et parsemez le tout de beurre. 4. **Abaissez** l'autre portion de pâte en un disque d'environ 28 cm de diamètre. Disposez celui-ci sur la garniture en rabattant l'excédent de pâte sous les bords de l'abaisse du fond. Froncez les bords ou cannelez-les. 5. **Mélangez** le jaune d'œuf et le lait dans un petit bol, puis badigeonnez-en la pâte. Pratiquez quelques incisions dans le couvercle. 6. **Enfournez** pour 40 à 45 minutes, jusqu'à ce que la pâte soit dorée et que la garniture soit cuite. Servez chaud.

Vous pouvez remplacer les myrtilles par la même quantité de mûres.

Si vous avez aimé cette recette, essayez la tarte aux pommes et au calvados p. 22.

tarte à la rhubarbe

POUR 8 PARTS - PRÉPARATION : 20 MIN + 2 H POUR LA PÂTE - CUISSON : 40 À 45 MIN

PÂTE

1 pâte brisée (voir p. 10-11)

GARNITURE

1 kg de rhubarbe coupée en portions de 5 cm • 100 g de cassonade • 2 cuill. à soupe de farine • 1 cuill. à café d'extrait de vanille • 10 g de beurre coupé en cubes • 1 jaune d'œuf • 1 cuill. à soupe de lait

PÂTE **1. Préparez** la pâte brisée, puis partagez-la en deux portions, l'une légèrement plus grosse que l'autre. Garnissez un moule à tarte de 28 cm de diamètre de la portion la plus grosse abaissée en un disque de 30 cm de diamètre, en suivant le pas à pas des p. 10 et 11.

GARNITURE **1. Préchauffez** le four à 200 °C (therm. 6-7). **2. Mélangez** la rhubarbe, la cassonade, la farine et l'extrait de vanille dans un saladier. **3. Étalez** la préparation sur le fond de tarte et parsemez-la de beurre. **4. Abaissez** l'autre portion de pâte. Découpez-la en lanières et disposez celles-ci en treillis sur la garniture. Pressez les doigts sur les bords pour sceller les deux abaisses. Rognez l'excédent de pâte (voir le pas à pas p. 11). **5. Mélangez** le jaune d'œuf et le lait dans un petit bol, puis badigeonnez-en la pâte. **6. Enfournez** pour 40 à 45 minutes, jusqu'à ce que la tarte soit dorée et que la rhubarbe soit tendre. Servez chaud.

La rhubarbe est une excellente source de fibres alimentaires. Elle contient de nombreux antioxydants qui peuvent contribuer à prévenir le cancer et à abaisser la pression artérielle. Elle est aussi et surtout très savoureuse !

Si vous avez aimé cette recette, essayez la tarte aux groseilles à maquereau p. 62.

tarte rustique aux abricots

POUR 8 PARTS - PRÉPARATION : 20 MIN + 50 MIN POUR LA PÂTE - CUISSON : 35 À 40 MIN

PÂTE

1 pâte rustique (voir p. 88)

GARNITURE

750 g d'abricots dénoyautés et coupés en lamelles • 50 g de sucre en poudre • 2 cuill. à soupe d'amandes en poudre • 4 cuill. à soupe de confiture d'orange • 1 jaune d'œuf • 1 cuill. à soupe de lait • 2 cuill. à soupe d'amandes effilées • 3 cuill. à soupe de cassonade

PÂTE **1. Préparez** la pâte et placez-la au frais (voir la recette p. 88). **2. Préchauffez** le four à 200 °C (therm. 6-7). Beurrez légèrement un moule à tarte de 28 cm de diamètre. **3. Abaissez** la pâte sur le plan de travail fariné en un disque de 50 cm de diamètre et de 5 mm d'épaisseur. **4. Enroulez** l'abaisse sans serrer autour du rouleau à pâtisserie et déposez-la dans le moule à tarte, en laissant l'excédent déborder.

GARNITURE **1. Mélangez** les abricots, le sucre, les amandes en poudre et la confiture dans un saladier. **2. Étalez** la préparation sur le fond de tarte. Rabattez la pâte sur la garniture sans la recouvrir complètement. **3. Mélangez** le jaune d'œuf et le lait dans un petit bol, puis badigeonnez-en la pâte. Saupoudrez d'amandes effilées et de cassonade. **4. Enfournez** pour 35 à 40 minutes, jusqu'à ce que la pâte soit dorée et que la garniture soit cuite. Servez chaud.

Les abricots sont riches en carotène et en vitamine A. Savourer cette tourte vous donnera bonne mine…

● Si vous avez aimé cette recette, essayez la tourte aux pêches p. 98.

tourte aux cerises

POUR 8 PARTS - PRÉPARATION : 20 MIN + 2 H POUR LA PÂTE - CUISSON : 45 À 50 MIN

PÂTE

1 pâte brisée (voir p. 10-11)

GARNITURE

400 g de cerises au sirop égouttées + 25 cl de jus de cerises réservé • 75 g de sucre en poudre • 1/2 cuill. à café d'extrait d'amande • 1 cuill. à soupe de fécule de maïs • 10 g de beurre coupé en cubes • 1 jaune d'œuf • 1 cuill. à soupe de lait

PÂTE **1. Préparez** la pâte brisée en deux portions égales. Garnissez un moule à tarte de 28 cm de diamètre de l'une des portions de pâte abaissée en un disque de 30 cm de diamètre, en suivant le pas à pas des p. 10 et 11.

GARNITURE **1. Préchauffez** le four à 200 °C (therm. 6-7). **2. Mélangez** les cerises, le sucre et l'extrait d'amande dans une casserole. Mettez la fécule de maïs dans un petit bol, puis versez petit à petit le jus des cerises en remuant. Versez le mélange dans la casserole et faites chauffer environ 5 minutes à feu moyen, sans cesser de remuer, jusqu'à ce que le mélange commence à épaissir. **3. Versez** la préparation sur le fond de tarte, puis parsemez-la de beurre. **4. Abaissez** l'autre portion de pâte en un disque d'environ 28 cm de diamètre. Disposez celui-ci sur la garniture en rabattant l'excédent de pâte sous les bords de l'abaisse du fond. Froncez les bords ou cannelez-les. **5. Mélangez** le jaune d'œuf et le lait dans un petit bol, puis badigeonnez-en la pâte. Pratiquez quelques incisions dans le couvercle de pâte. **6. Enfournez** pour 40 à 45 minutes, jusqu'à ce que la tourte soit bien dorée. Servez chaud.

Si vous avez aimé cette recette, essayez la tarte aux cerises p. 54.

tarte meringuée aux groseilles

POUR 8 PARTS - PRÉPARATION : 15 MIN + 2 H POUR LA PÂTE - CUISSON : 15 À 20 MIN

PÂTE

1/2 pâte brisée (voir p. 10-11)

GARNITURE

500 g de groseilles • 100 g de sucre en poudre • 5 blancs d'œufs • 125 g de sucre en poudre

PÂTE 1. **Préparez** la pâte brisée en divisant les proportions par deux. Abaissez la pâte en un disque de 30 cm de diamètre, puis garnissez-en un moule à tarte de 28 cm de diamètre en suivant le pas à pas des p. 10 et 11.

GARNITURE 1. **Préchauffez** le four à 220 °C (therm. 7-8). 2. **Mélangez** les groseilles et le sucre dans un bol. 3. **Battez** les blancs d'œufs, dans un saladier, au batteur électrique à vitesse moyenne, jusqu'à obtenir une neige ferme. Incorporez le sucre petit à petit. 4. **Déposez** des cuillerées de meringue sur les bords du fond de tarte, puis étalez les groseilles sucrées au milieu et couvrez-les du reste de meringue à l'aide d'une spatule. 5. **Enfournez** pour 15 à 20 minutes, jusqu'à ce que la meringue soit légèrement dorée et que la pâte soit juste ferme. Servez chaud ou à température ambiante.

Testez cette tarte en remplaçant les groseilles par des mûres, des myrtilles ou des groseilles blanches.

● Si vous avez aimé cette recette, essayez la tarte meringuée au citron et au citron vert p. 32.

tourte italienne de grand-mère

POUR 10 PARTS - PRÉPARATION : 35 MIN - CUISSON : 45 À 50 MIN - REPOS : 30 MIN

PÂTE

125 g de beurre • 200 g de sucre en poudre • 3 œufs • 300 g de farine • 1 cuill. à café de levure chimique • 1 pincée de sel

GARNITURE

50 cl de lait • 4 jaunes d'œufs • 180 g de sucre glace + un peu pour saupoudrer • 2 cuill. à soupe de farine • 1 cuill. à café d'extrait de vanille • 2 cuill. à soupe d'amandes

PÂTE **1. Préchauffez** le four à 180 °C (therm. 6). Beurrez un moule à tarte de 28 cm de diamètre. **2. Battez** le beurre et le sucre au batteur électrique à vitesse moyenne jusqu'à ce que le mélange soit pâle et crémeux. Incorporez les œufs, un à un, toujours en battant. Ajoutez la farine, la levure et le sel, puis battez à vitesse basse. **3. Divisez** la pâte en deux portions et abaissez-les en deux disques de 30 cm de diamètre.

GARNITURE **1. Portez** le lait à ébullition dans une casserole à feu moyen. Battez les jaunes d'œufs, le sucre glace et la farine dans un saladier. Versez le lait chaud en fouettant. Transvasez le mélange dans la casserole, puis faites chauffer environ 5 minutes à feu doux, sans cesser de remuer, jusqu'à ce que la crème épaississe. Retirez la casserole du feu, puis incorporez l'extrait de vanille. **2. Garnissez** le moule à tarte d'un disque de pâte, puis étalez la crème pâtissière en veillant à ce qu'elle soit un peu plus épaisse au centre. Disposez le disque de pâte restant sur la garniture et souder les bords. Parsemez la tourte d'amandes. **3. Enfournez** pour 35 à 40 minutes, jusqu'à ce que la tourte soit dorée. **4. Laissez** refroidir à température ambiante sur une grille. Saupoudrez de sucre glace juste avant de servir.

Cette tarte italienne très classique est mieux connue sous le nom de Torta della nonna.

Si vous avez aimé cette recette, essayez la tarte napolitaine p. 124.

PÂTE

150 g de chocolat noir grossièrement haché • 200 g de farine • 200 g d'amandes en poudre • 100 g de sucre en poudre • 1 pincée de sel • 3 jaunes d'œufs • 180 g de beurre ramolli

GARNITURE

crème pâtissière au chocolat (voir étapes 1 à 5 p. 84) • 37,5 cl de crème fraîche liquide • 2 cuill. à soupe d'amandes effilées

tarte à la crème pâtissière au chocolat et aux amandes

POUR 8 PARTS - PRÉPARATION : 40 MIN + 50 MIN POUR LA CRÈME PÂTISSIÈRE AU CHOCOLAT - RÉFRIGÉRATION : 1 H 30 - CUISSON : 15 À 20 MIN

PÂTE **1. Faites fondre** le chocolat au bain-marie. Laissez refroidir. **2. Mélangez** la farine, les amandes en poudre, le sucre et le sel dans un saladier. Incorporez les jaunes d'œufs et le beurre au batteur électrique à vitesse moyenne. Versez le chocolat fondu et battez à vitesse basse. **3. Façonnez** la pâte en une boule lisse. Enveloppez-la pâte de film alimentire, puis placez-la au frais pour 1 heure. **4. Préchauffez** le four à 180 °C (therm. 6). **5. Sortez** la pâte du réfrigérateur et abaissez-la en un disque de 30 cm de diamètre. Garnissez-en un moule à tarte de 25 cm de diamètre. Piquez le fond de tarte à l'aide d'une fourchette. **6. Enfournez** pour 15 à 20 minutes. **7. Sortez** le fond de tarte du four et laissez refroidir sur une grille.

GARNITURE **1. Versez** la crème pâtissière au chocolat sur le fond de tarte. **2. Fouettez** la crème fraîche, dans un bol, au batteur électrique à grande vitesse, jusqu'à obtenir une chantilly ferme. Étalez-la sur la garniture et parsemez-la d'amandes effilées. Servez immédiatement.

Si vous avez aimé cette recette, essayez la tarte au chocolat et aux framboises p. 84.

PÂTE

500 g de farine • 200 g de sucre en poudre • 200 g de beurre coupé en cubes • 2 œufs + 2 jaunes d'œufs

GARNITURE

125 g de blé • 20 cl de lait • 60 g de beurre • 100 g de citron confit haché • 1 cuill. à soupe de farine • 750 g de ricotta égouttée • 7 œufs + 3 jaunes d'œufs • 1/4 cuill. à café de cannelle en poudre • 500 g de sucre en poudre • 2 cuill. à soupe d'eau de fleur d'oranger

tarte napolitaine

POUR 8 PARTS - PRÉPARATION : 1 H - RÉFRIGÉRATION : 1 H 30 - CUISSON : 1 H 15 À 1 H 25

PÂTE 1. **Mettez** la farine, le sucre et le beurre dans le bol d'un robot, puis mélangez par impulsions jusqu'à obtenir la consistance d'une chapelure. Incorporez les œufs et les jaunes d'œufs par petites impulsions jusqu'à ce que la pâte soit molle. 2. **Enveloppez** la pâte de film alimentaire et placez-la au réfrigérateur pour 1 heure.

GARNITURE 1. **Faites cuire** le blé environ 20 minutes dans une casserole d'eau bouillante salée. Égouttez-le bien. 3. **Mettez** le lait, le beurre et le blé égoutté dans une casserole à feu doux, puis faites chauffer pendant 10 minutes. Retirez la casserole du feu. 3. **Préchauffez** le four à 180 °C (therm. 6). 4. **Enrobez** le zeste de citron confit de farine, puis mettez-le dans la casserole et mélangez. 5. **Fouttez** la ricotta au robot jusqu'à obtenir une crème lisse. Incorporez les œufs et les jaunes d'œufs, un à un, tout en fouettant. Ajoutez la cannelle, le sucre et l'eau de fleur d'oranger. Mélangez bien. 7. **Transférez** le mélange à base de blé dans un saladier. Incorporez la crème à base de ricotta. 8. **Réservez** un quart de la pâte et abaissez le reste en un disque de 5 mm d'épaisseur. 9. **Huilez** un moule à charnière profond de 25 cm de diamètre. Garnissez-le de pâte en pressant bien le fond et les côtés du moule. 10. **Étalez** la garniture sur le fond de tarte. 11. **Abaissez** le reste de pâte en un ovale et découpez celui-ci en lanières de 1,5 cm de large. Disposez les lanières sur la garniture de façon à obtenir un treillis (voir le pas à pas p. 11). 12. **Enfournez** pour 45 à 55 minutes, jusqu'à ce que la tarte soit complètement cuite et légèrement dorée. 13. **Laissez** refroidir dans le moule. Servez à température ambiante.

Cette tarte napolitaine est un grand classique du sud de l'Italie.

• Si vous avez aimé cette recette, essayez la tourte italienne de grand-mère p. 120.

index